青岛市社科规划项目

光明社科文库
GUANGMING DAILY PRESS:
A SOCIAL SCIENCE SERIES

·教育与语言书系·

外语教学研究中的质性分析

刘婵娟　吕晓潇　王　博 | 著

光明日报出版社

图书在版编目（CIP）数据

外语教学研究中的质性分析 / 刘婵娟，吕晓潇，王博著 . -- 北京：光明日报出版社，2021.12
ISBN 978-7-5194-6392-2

Ⅰ.①外… Ⅱ.①刘… ②吕… ③王… Ⅲ.①外语教学—教学研究 Ⅳ.①H09

中国版本图书馆 CIP 数据核字（2021）第 265952 号

外语教学研究中的质性分析
WAIYU JIAOXUE YANJIUZHONG DE ZHIXING FENXI

著　　者：刘婵娟　吕晓潇　王　博	
责任编辑：许　怡	责任校对：王　娟　贾　丹
封面设计：中联华文	责任印制：曹　净

出版发行：光明日报出版社
地　　址：北京市西城区永安路 106 号，100050
电　　话：010-63169890（咨询），010-63131930（邮购）
传　　真：010-63131930
网　　址：http://book.gmw.cn
E - mail：gmrbcbs@gmw.cn
法律顾问：北京市兰台律师事务所龚柳方律师
印　　刷：三河市华东印刷有限公司
装　　订：三河市华东印刷有限公司
本书如有破损、缺页、装订错误，请与本社联系调换，电话：010-63131930

开　　本：170mm×240mm	
字　　数：150 千字	印　　张：12
版　　次：2024 年 3 月第 1 版	印　　次：2024 年 3 月第 1 次印刷
书　　号：ISBN 978-7-5194-6392-2	

定　　价：85.00 元

版权所有　　翻印必究

序

  科学研究是一项系统化拓展人类知识边界的活动。而质性研究，也被叫作定性研究，是科学研究的重要步骤和方法之一，和社会科学领域的一种基本研究范式。质性研究通过审视各种社会环境和居住人群日常生活中出现的各种现象，有目的性、计划性地提出问题，寻找答案。这意味着其主要目的是记录真实事件，试图理解和描述社会现象，观察人们的言论及人们行为自发产生的过程等。近年来，质性研究对我们日常生活的影响大大增加。研究人员需要认真去理解、练习和反思，以及充分发展一系列的研究技能。在外语教学领域，质性研究可以应用于研究教师发展策略，学生的学习风格与学习策略，课堂互动策略，职业化、多元化学校的英语，专用英语（ESP）等领域。而应用语言学关注社会生活中涉及语言的实际问题。其中最重要的是第二语言或外语的学习。其他包括语言政策，多语言主义，理解研究性语言教育的本质，濒危语言的保护和复兴，以及语言困难的评估和治疗等方面[1]。

---

[1] PERRY JR, FRED L. Research in applied linguistics: becoming a discerning consumer [M]. New York: Routledge, 2011: 3.

在过去三十年里，外语教学科研方法已经发展成为一个广泛的知识应用体系。其应用领域和方法反映了其学科根源以及它所在的环境和目的的多样性。一定程度上，代表个人立场和依靠逻辑演绎论证的研究方法被实证研究逐渐代替。而一方面，我国的外语工作者和研究者部分还停留在单维、平面化层面，研究方法和数据不够翔实可靠，无法检验信度和效度，或者原来掌握的方法已经过时；另一方面，我国很多大学文科专业还没有普遍开设与研究方法有关的课程（如统计学）。质性研究在自然情境下，采用多种原始资料收集方法，对研究现象进行深入的整体性探究。通过与研究参与者互动，对其行为和意义建构获得解释性理解，从中形成结论的一种活动，是社会科学领域又一大重要的研究方法，越发受到外语教育者们的关注。

编写此书的目的是普及外语教学研究的方法，服务对象主要是语言学、心理学、教育学专业的硕士、博士以及外语专业教师、各类科研工作者，使之对学习和教学的各个领域有更深的理解。本书由共计五章组成：（1）导论；（2）质性研究方法：理论、设计与调查手段；（3）质性研究数据收集方法；（4）实践问题；（5）道德与诚信。本书最大的特点是系统实用、可操作性强，介绍如何借鉴西方研究成果采用质性研究范式，运用多种质性研究理论视角和方法，如借助田野调查手段（包括访谈、观察、笔记日志、文本收集等）、扎根理论指导、课堂叙事话语分析、情感体验以及信度效度分析。

通过访谈观察记录日志对多种数据对比分析、归纳推理，发现外语课堂教学中出现诸多问题的原因，并对教学工作提出改善方案，以适应我国外语教学研究方法的发展趋势。

前　言

　　作为20世纪60年代以来先后兴起的两大研究模式，量性和质性研究，二者各有特点，交互应用，相互补充，但在外语教学领域，二者孰优孰劣一直是人们争论的焦点。前者可以列举出外语课堂教学中出现的种种问题及其分布规律，但不能完全揭示产生这些问题的原因、对策、模式及过程分析。相比之下，通过访谈、观察、文本收集等方法，质性研究可以从教师的角度理解学生外语学习中出现的各种问题，也可以从学生的角度理解学生学习外语的经历、对外语学习的态度或对外语课堂教学的看法等。

　　量性研究的理论基础是西方哲学史上发展了一百多年的实证主义哲学。而质性研究的理论基础则包括建构主义、后实证主义、解释学、现象学等各种理论流派。量性研究通常采用数据的形式，对社会现象进行说明，通过演绎的方法来预见理论，然后通过收集资料和证据来评估或验证在研究之前预想的模型、假设或理论。质性研究大多是采用参与观察和深度访谈而获得第一手资料的，具体方法主要有参与观察、行动研究、历史研究法、民族志等。其中参与观察是经常用到的一种方法。参与观察的优势在于，不仅能观察到被观察者采取行动的原因、态度、工作程序、行动决策依据，而且能获得一个特定社会情景中任意一员的感受，因而能更全面地理解其行动。然后采用归纳法，使通过参与观察和访谈法等所获得的资料逐步由具体向抽象转化，以至上升形成理论。质性研究从整体出发，重视社会文化背景下的语言习得，并从动态与静态角度揭示语言习得的规律性，这种研究方法有助于外语教师进行研究型的教学。

近些年外语教学研究出现了若干有重大意义的变革。首先是相关部门加强推动语言学习和教学的研究导向，其次是研究机构鼓励教师扩大研究范围，更多地参与语言教学文献以及教师行动和实践的研究。如同其他社会研究一样，根据研究数据的来源，外语教学研究可以分为第一手研究和第二手研究，而根据数据的性质和类型，外语教学研究分为量性和质性。① 语言数据的收集和分析是一项高度专业化的应用语言学任务，一般包括语言测试/评估、话语分析、会话分析以及语料库语言学的发展。从以上研究活动发展的新特点出发，以及对各类英语教育研究的批评表明，面对教育学的问题时，那些赞成单纯依靠逻辑思辨和演绎的方法来解决问题的人，其结论的价值或有效性值得怀疑。相比以前，现在的研究者和外语教师更有可能通过自己的研究中的量化和质性分析相关数据，并用批判性的思维来评估研究的信度和效度。

高一虹等人（1999：8-16）分析指出西方应用语言学研究近年

---

① 秦晓晴，毕劲. 外语教学定量研究方法及数据分析［M］. 北京：外语教学与研究出版社，2015：2.

来出现量化到质化的发展趋势，这一变化以 *TESOL Quarterly* 最为明显。量化研究比例曾从 1970 年的 12% 上升至 1985 年的 61%。到 1997 年，该刊的量化研究比例降至 32%，低于质化研究的 47%。*TESOL Quarterly* 的质化研究种类也比较多样，比例分布较均匀，其中民族志 32%，语篇分析 22%，个人叙述 17%，专题陈述 25%，互动分析 3%。其他几个刊物的变化幅度略小。不同质化方法的运用程度也有差异。各类方法在四刊质化研究总数中的比例分别是：语篇分析 52%，专题陈述 20%，民族志 15%，个人叙述 10%，互动分析 3%[①]。

本书为帮助外语教师深入理解质性研究方法，提升通过质性方法开展各类研究的能力，结合该领域的专业理论知识，介绍英语教学研究实际采用的研究方法。其本质是审视外语教学改革给外语教师的专业发展所带来的冲击和机遇，检查质性研究传统中涉及的独特的理论基础和方法，探究教师教学实践行为，深入剖析外语教师日常工作的多方面，拓宽外语教师专业发展的交叉领域。

本书旨在为研究项目设计提供指导，每一章都介绍了研究领域的基本背景、教学重点，都提供了一个实用、分步的方法指南，并讨论了该方法以及常用的理论框架。

[①] 高一虹，李莉春，吕珺. 中、西应用语言学研究方法发展趋势［J］. 外语教学与研究，1999（02）：8-16.

目 录
CONTENTS

第一章 导论 ·· 1
  第一节 为什么要做"研究" ·· 1
  第二节 研究方法 ··· 5
  第三节 研究中的几个关键概念 ······································· 35
  第四节 什么使研究"质性" ·· 40

第二章 质性研究方法：理论、设计与调查手段 ············· 43
  第一节 理论分析基础 ··· 43
  第二节 社会学的质性研究方法——现象学 ················· 58
  第三节 社会学的质性研究方法——民族志 ················· 59
  第四节 社会学的质性研究方法——行动研究 ············· 64
  第五节 社会学的质性研究方法——个案研究 ············· 68
  第六节 社会学的质性研究方法——叙事探究 ············· 84

第三章　质性研究数据收集方法　86
  第一节　田野调查　86
  第二节　观察法　93
  第三节　访谈　97
  第四节　三角测量法　104
  第五节　问卷调查　107
  第六节　有声日记与数字录音　112

第四章　实践问题　117
  第一节　研究过程的设计　117
  第二节　数据收集　119
  第三节　数据分析　139
  第四节　抽样　145
  第五节　复制研究　154
  第六节　内省技巧　156
  第七节　刺激回忆　157
  第八节　语篇分析　159

第五章　道德与诚信　163

第六章　结语　167

参考文献　168

第一章 导 论

第一节 为什么要做"研究"

"研究"对许多实践者来说是"严肃"的代名词,让人联想起身穿白大褂、带着高度近视镜的科研人员在充满神秘设备的实验室里忙碌的情景。本书绝非讨论这个令人望而生畏的画面。这是对研究最常见的误解,我们需要明确认识研究背后的动机和界定研究的意义。

科学意义上的研究是"有组织、有系统的"寻找我们所问问题的答案。关于研究的另一个常见误解是将其与撰写论文混淆,撰写论文意味着学生要去图书馆,并从各种来源搜索大量文献。然后,他们通过综述和改写,将从这些文章中收集的信息整合到论文中,以正确的脚注和引用来解决重要问题。然而,撰写此类论文所使用的技能,虽然对研究很重要,但不应视为研究本身。同样研究也不是特指那些坐在电脑前分析统计数据的行为。事实是,在信息收集的初级阶段，研究人员搜索查找文献时尤其需要这些技能，然而，除去实验室以外，研究是在许多不同的环境中进行的。科学研究的本质是专业知识和技能的应用。例如，科学研究方法论包括实证主义、解释主义、批判主义的研究范式，每种范式都有自己独特的收集和分析数据的方式来研究人类行为。例如，在笔者感兴趣的第二语言习得和态度/动机的社会心理学领域，主要的研究工具是态度问卷。

实证主义和人文主义，逐渐形成两种研究传统或学术话语体系，即量化研究与质性研究。20世纪80年代，研究方法学家两个阵营之间展开了一场激烈的"范式战争"：使用质性方法的建构主义者和使用量性方法的实证主义者。"实证主义"是一种科学范式和世界观，对于客观和独立的社会现实的存在使用标准化的科学仪器进行实证研究。实证主义和解释主义有各自的基本观点，前者是基于自然科学的方法，后者是基于人类行为比物质世界更复杂的假设。换句话说，实证主义者试图建立事实并分析量化材料，而解释主义者侧重对社会学现象进行诠释性理解。

Cohen等人（2011：4）指出，用不同的科学研究方法，如量性的、质性的、批判性的理论基础或几者的结合，去探索我们周围世界的真实性，是人类的天性。[①] 按照Nunan（1992：3）的说法，"研究是一个系统的探究过程，由三个要素组成：①一个问题或假设，

---

① COHEN L, MANION L, MORRISON K. Research methods in education [M]. London: Routledge, 2011: 4.

②数据，③数据的分析和解释。"① 换句话说，研究者需要分析和批判性评估一些问题，收集和分析特定领域的数据，以验证假设，并产生新的见解，启发其他研究者和任何感兴趣的读者来证明/否定新的或现有的想法。

研究生阶段应该学习和掌握量化研究与质性研究这两大研究方法，但是近年来国内的理工科、经济与管理学科所采用的以大量数据解释现象，以数理为基础方法的分析，来验证已经存在的理论，越来越受到重视。过度陷入数据和模型之中的研究生，容易只关心现象而忽视问题的本质，陷入形而上学。其实，当前不少量性研究确实存在数据失真、调查失实等问题。② 当学生第一次接触社会科学的研究方法时，他们很可能听到诸如"统计""抽样""可靠性"和"有效性"的词语，这使得这一领域看起来非常复杂和具有高度技术性。他们撰写的研究论文和学位论文主要的问题在于，阅读文献有限，不加解释地使用术语，对所用方法和调查结果价值的阐述能力不足，未能解决教育研究的深层问题。人文社会科学在研究生阶段的主要任务是学习研究方法和训练中曾经广泛采用的、经典的质性研究方法。通过演算等学习数学的方法去培养人文社会科学研究生的培养现状显然不利于人文社会科学研究生研究能力的全面发展。

正是因为有多种质性研究范式并存，一个相对较为全面的定义

---

① NUNAN D, DAVID N, SWAN M. Research methods in language learning [M]. Cambridge: Cambridge university press, 1992: 3.
② 陈涛. 学位论文写作中的关键议题：兼论社会科学研究的方法与路线 [J]. 研究生教育研究, 2014 (01): 40-44.

是，质性研究是研究处于自然状态下（指无人为因素干扰）的人、情况、现象、社会环境和过程的新兴的、感性的、有解释力和自然主义的研究方法，目的是用描述性的术语揭示人与所处经验世界的联系。真正的教育研究应当充分理解质性方法的核心原则及理论（认识论），以及相关实证方法的演变，描述并定位不同的质性研究方法。研究人员如果对质性研究规律的把握迟钝的话，便会形成一种"片面"的研究能力，甚至一叶障目，不见泰山。这就需要开展更加深入的质性研究，通过在质性研究中置入量化研究的某些因素来实现"质性研究的精细化"，无疑帮助研究生形成全面研究能力的更加有效的训练和培养思路。

因此，对质性研究全面提出批评，仅仅采用某些单一方法或片面方式仍然是不够科学合理的。本书目的之一是帮助学生厘清理论与方法之间的关系，使他们的方法论先入为主的观念更加明确，更有利于进行批判性思考。本书由三位研究人员共同撰写，通过借鉴自己的研究经验和教授研究生的经验，在本书中概述了较为完整的研究过程，使学生能够通过研究为更具反思性的实践做出重大贡献。

例如，一群刚刚入门方法论的研究生完成了以下问题："What is research?" 和 "What is research for?" 以下是他们的一些看法。

——研究收集和分析特定领域的数据，其目的是提问、调查、分析、概述和总结。

——研究是为了客观地而不是主观地用科学的方法得出结论。

——研究是解决问题，验证理论的应用，得出新的见解，启发研究者和任何感兴趣的读者。

——证明或反驳新的或现有的想法，发现特定人群的语言特征。

总之，通常与研究相关的关键术语出现在以上这些描述中，包括：探究、知识、假设、信息、分类、分析、解释、结构化调查、理解、问题、证明、理论、评估、提问、分析数据、科学方法、洞察力、证明或反驳、描述现象、揭示真相、探索追究、解释术语等。综上所述，研究是一个提出问题或假设，收集与这些问题或假设相关的数据或证据，并分析或解释数据的过程。

比如，作者的认识论立场是否清楚？分析方法是否与所述立场一致？是否有作者自反性的证据？研究的理论或实证是否得到了充分解释？是否对概念进行了充分的审查？对数据的解释是否合理？有何依据？

第二节 研究方法

首先讲两个术语：方法和方法论。前者强调数据采集、分析和解释的过程，后者则涉及从哲学观到具体步骤的全部研究过程。在教育研究中，或者在更广义的社会科学中，"方法论被视为一门学科，其功能是检验产生有效知识的方法的基本原理"。从这个意义上说，方法论的目的在于规定生成和测试效度时应该使用的合理方法和程序，因为只有当知识的产生符合方法论规定的方法和程序时，才被认为是有效的。

就像矿工需要斧头等工具才能找到宝藏一样，研究方法一直扮演着非常重要的角色。许多人（特别是高校教师）科研工作做得不够，主要原因与研究方法有关，如未能找到合适的主题、研究问题、重点和解决方法。一些人则没有资金支持、缺乏热情，或由于时间、工作、家庭、社会活动等方面原因使科研受阻。经典质性研究为访谈、笔记、文本、视频、手稿等，选择相应的分析案例，说明质性研究的研究假设如何做到精细化。手工分析资料较为灵活，但效率通常比较低，科学性有时会较差。计算机分析精度和研究设计、过程和语言等的精细化，代表着研究效率都比较高，还有利于实现团队合作和抽样研究能力的全面形成。这通常是非常耗时的学习，在文字资料（非量化信息）分析的多元化和自由的训练和运用过程中，如果一名研究生能够娴熟地处理各类信息，则标志着其研究能力的全面形成。

研究方法主要有：量性、质性研究以及混合研究，代表不同的世界观。Bryman（2008：13-25）认为，两种研究在其认识论（了解和探究现实本质的方式）和本体论（知识和关于现实本质的假设）基础方面的范式方法不同。① 在本体论方向上，质性和量性研究者在策略上分别是建构主义和客观主义。然而，在认识论取向上，量性研究者在研究方法上是客观主义和实证主义，而质性研究者在研究方法上是坚持主观主义和反实证主义（Creswell，2009：17）。② 量性研究，将复杂的问题简单化；质性研究，将简单的问题复杂化。究竟哪一个更好？本书认为都有其优点和缺点。

---

① BRYMAN A. The end of the paradigm wars [C]. The SAGE handbook of social research methods，2008：13-25.
② CRESWELL J W. Research designs：qualitative，quantitative，and mixed methods approaches [M]. California：Sage Publication，2009：17.

外语学习和教学的复杂性决定了外语教学科研的多样性。① 本章将分为三个部分,旨在探讨量性方法、质性方法和混合方法的优缺点,以及各自在中国英语学习和教学方面的应用,并进行与研究相关的伦理思考。在英语语言学习和教学领域,这三种方法被广泛使用。第一部分,将对其进行比较分析,以帮助同行理解三种范式之间的差异性和相关性。第二部分,将探讨三种研究方法之间的关系,以及它们对英语教学的有效性和适用性。将分析 CNKI,Google Scholar 等数据库的已发表期刊中关于使用不同研究策略的论文数据。第三部分,进一步关注量性和质性分析在英语教学研究中的特点、贡献和道德伦理思考,这将对提高英语教学的效度起到重要作用。

一、研究方法的分类

二分法同时涉及多方面:研究的基本思路、数据收集方法应用、收集数据的性质以及用于处理数据和获得结果的分析方法。这显然是一个复杂的问题,因此让我们从两种方法的初步工作定义开始。量性研究涉及数据收集程序,主要产生数字数据,然后主要通过统计分析。典型示例:使用问卷调查研究,通过 SPSS 等统计软件分析。

质性研究涉及数据收集开放式非数值数据,然后主要通过非统计方法进行分析。典型示例:使用访谈研究,通过内容分析对转录的录音进行分析。

---

① 刘润清,胡壮麟. 外语教学中的科研方法 [M]. 北京:外语教学与研究出版社,1999:51.

尽管这两种范式代表了研究的两种不同方法，但它们并不一定相互是排斥的。他们的原则性结合产生了新的第三种研究方法：混合方法研究。

（一）量性方法

量性研究方法的第一个优点是使用统计数据作为节省时间和资源的工具。Bryman（2001：20）认为量性研究方法是在数据收集和分析中强调数字和数字相关的研究。[①] 该方法本质上是科学的。在研究描述和分析中使用统计数据减少了研究人员在描述其结果时投入的时间和精力。通过使用社会科学统计软件包（SPSS），计算机可以计算和处理数据（数字、百分比和可测量数字），Connolly（2007：2-34）认为这节省了大量能源和资源。[②]

解释量性研究最简单的方法是使用数字。各种软件的应用使数字变得强大，从而可以建立和使用越来越复杂的统计模型。量性研究可以启动一个研究项目，使用精确的编码表来处理数据（例如，在"性别"变量中，"男性"被分配为1，"女性"为2）。质性研究人员也广泛地进行了编码，但质性类别在两个重要方面有所不同。首先，它们不是数字而是语言，相当于简短的文本标签。其次，它们通常不是先验确定的，而是尽可能保持开放和灵活，以便能够解释调查过程中发现的含义的细微差别。例如，如果我们想绘制两个国家之间的边界，量性方法将是绘制地图，在确定两个国家的大小

[①] BRYMAN A. Social research methods [M]. Oxford: Oxford university press, 2016: 172.

[②] CONNOLLY P. Quantitative data analysis in education: a critical introduction using SPSS [M]. London: Routledge, 2007: 2-34.

分布后，使用直尺绘制直线。相比之下，质性方法将反对这种自上而下的决策，而是利用地形的固有地理特性（如河流和山脊）使边界自然显现。

量性研究最初的灵感来自19世纪自然科学的进展，社会研究人员开始采用所谓的"科学方法"调查。这种方法在西方思想中一直在通过哥白尼、培根、伽利略、开普勒、牛顿、笛卡尔、休谟、孔特和皮尔士等哲学家和学者的工作发展，对16世纪中期（启蒙运动时期）的定性、定量和混合方法进行研究。广义地说，科学方法假定了研究过程中的三个关键阶段：(a) 观察现象或识别问题；(b) 生成初始假设；(c) 通过使用标准化程序收集和分析经验数据来检验假设。一旦该假设被成功测试并通过复制得到进一步验证，它就成为一种科学理论或法律。因此，科学方法提供了一种以"客观"方式探索问题的工具，试图最大限度地减少任何研究者偏见的影响，从而产生学者们认为是对世界的可靠描述。科学方法与数值和统计密切相关，这与诺贝尔奖得主卢瑟福勋爵的著名格言——"任何无法用数字衡量的知识都是糟糕的"——一脉相承。为了满足新兴社会科学的数学需求，统计在19世纪末成为一门成熟的数学子学科。特别学者弗朗西斯·高尔顿（Francis Galton）为20世纪之交建立心理学的量化数据收集和分析方法方面做出了重大贡献。此外，高尔顿发起了心理测试，引入了问卷的使用，并创建了回归和相关性的统计概念。20世纪上半叶，科学方法（尤其是通过波普尔的工作）和统计学都取得了重大发展，从而在整个社会学科中增加了量性方法的使用。由于这一进步，社会科学取得了成熟发展，"科学"赢得了能够在个人和社会层面研究人类的声誉。在心理测量学（一门专注于心理学测量的分支学科)、经典测试理论、实验设计、调查研究、问卷理论和多元统计等领域的进步推动下，20世纪中叶，社会科学中的量性方法成为主流。由于质性研究的挑战，这种霸权地位在20世纪70年代才开始改变，导致研究方法的重新组合。目前，在社会科学的许多领域，我们都可以看到量性与质性方法的共存。

可复制性是量性研究方法的另一个好处。由于研究方法基本上依赖于假设测试，研究人员不需要进行猜测，而是遵循明确的指导原则和目标（Lichtman，2013：4）。[①] 使用这类研究工具的研究是以一般或公开的方式进行的，所以其明确的目标和指导原则，所以可以在任何其他时间或地点重复进行，并仍然得到相同的结果。此外，就量性研究方法而言，这种研究方法为对照组和研究组的使用提供了空间。使用对照组，研究人员可能会决定将参与者分成小组，给予他们相同的教学，但使用不同的教学方法，同时考虑到他正在研究的因素。在学习教学结束时，可以召集小组，然后研究人员可以测试学生的解决问题能力，并能够使用最能影响学生解决问题能力的教学方法。从一个角度来看，"研究者分离"可能被视为量性研究方法的一种优势，使研究人员与参与者接触，也就是说，通过电话、互联网甚至问卷收集数据。对解释和结论等备选方案也能被给与控制，研究人员对其数据收集或数据分析存在偏见的问题将被避免。换句话说，研究人员的客观性和受访者的匿名都能得到保证。

此外，量性研究实际上是一种简单有效的方法，科研人员通过不同类型的软件操作复杂的统计数据，如"统计产品与服务解决方

---

① LICHTMAN M. Qualitative research in education：a user's guide [M]. California：Sage，publications，2012：4.

案"(Statistical Product and Service Solutions, SPSS),就是一种高效的统计工具。量性研究包括以下特点:①与准备阶段的质性研究相比,在实际研究之前需要确定类别和值;②在量性研究中,共同特征比个体特征更受重视;③独特的量性研究术语比质性语言更有力;④标准化程序比主观调查更客观;⑤概括和发现普遍规律。

(二)质性方法

Berg 和 Howard(2012)将质性研究描述为意义、概念、定义、隐喻、符号和对事物的描述。这个定义清楚地表明,质性研究包含了所有必要的能够唤起回忆,有助于解决问题的工具,如开放式问题、深入访谈(音频或视频)和现场笔记。①

因此,质性研究方法是指"事物的含义、概念、定义、特征、隐喻、符号和描述"。强调发生了什么,为什么会发生,主观评论和推测涉及哪些因素,以及这些因素对不同的个体有哪些影响。而且研究者和参与者之间存在的密切关系使参与者更容易对研究做出贡献。

通过质性研究,我们可以探索社会世界的广泛层面,包括日常生活的结构和组织,研究参与者的理解、经验和想象,社会过程、制度、话语或关系的运作方式,以及它们产生的意义等。

Denzin and Lincoln(2005:4-8)认为质性研究人员在自然环境中研究事物,试图根据人们带给他们的意义来理解或解释现象。涉及各种实证材料的研究和收集——个案研究、个人经历、内省、生活故事、访谈、观察、历史、互动和视觉文本——这些材料描述了

---

① LUNE H, BERG B L. Qualitative Research Methods for the Social Sciences [M]. Yorkshire: Pearson, 2012: 12.

个人生活中的常规问题。①

质性方法强调人的主观作用，外部世界的规律性是主观意识的反映。Dornyei（2007：24）提出："量性支持者通常强调定量调查最好是系统、严格、集中和严格控制的，涉及精确测量，并产生可推广到其他环境的可靠和可复制的数据。"他同时也认为，"质性研究涉及数据收集程序，其结果主要是开放式的、非数值的数据，然后主要通过非统计方法进行分析"。②

质性研究方法具有"以人为本、变革性"的特点，适合于语言学习和教学领域。质性任务的主体有三个部分：界定质性研究，审查相关实证研究，评估质性研究的贡献。有代表性的方法是访谈研究，将记录下来的资料用 NVivo 等定性内容分析软件进行分析，这是一种由质量体系评审（QSR）国际发明设计的计算机进行定性研究的统计分析软件，是一种用于分析非结构化信息（如详细报告或访谈）的开发软件。记录的内容可以有不同的文本格式，如语音信息、视频记录、图片、图像、文字等。用于定性分析的大量文本或其他形式的信息，其中包含大量的数据和处理工作。NVivo 是一种非常高效和省时的分析工具，用于编码、解释研究人员在管理研究项目时可用的各种数据。还有更多的其他计算机辅助程序可以帮助简化研究工作，如 Atlas. ti、民族志、HyperRESEARCH、MAXQDA 等。该软件从 20 世纪 80 年代开始在教育研究中广泛使用。常用网站上

---

① NORMAN K DENZIN, YVONNA S LINCOLN, The Sage handbook of qualitative research [M]. London. Sage Publications, 2011: 4-8.
② DORNYEI Z. Research methods in applied linguistics [M]. Oxford: Oxford University Press, 2007: 24.

有更多的统计分析工具，如 Minitalbe 3、StatView、SYSTAT、SAS/STAT 等。

其中，文献法也称历史文献法，属于质性研究，是指通过阅读、分析、整理有关文献材料，全面、正确地研究某一问题的方法。实施步骤：①编写大纲；②搜集并鉴别有关文献；③详细阅读文献，边读边摘录；④根据大纲将材料分项分条加以组织；⑤分析研究写成报告。

在大多数大学图书馆的装订本中可以找到一些比较传统的索引，如教育索引、教育期刊当前索引（CIJE）、语言教学、语言学和语言行为摘要（LLBA）、现代语言协会（MLA）、社会科学索引、心理学摘要和教育资源（RIE）。CIJE 和 RIE 均由教育资源信息中心（ERIC）编制。所有这些来源可以根据关键字查找，这些关键字揭示了研究的重点。如果你对自己感兴趣的东西有了概念，你可以使用研究问题中包含的实质性词汇来指导查找相关研究。例如，"焦虑和语言学习之间的关系是什么？"中的关键字是"焦虑"和"语言学习"。然后搜索早期的资料来源使用这两个关键术语来定位相关研究。然而，由于计算机时代的到来，图书馆数据源已转换为电子数据库。其中包含对论文的引用，包括作者、日期、标题和摘要，以及如何获取材料。更常见的是，可以通过数据库检索整篇论文。文献法的价值，不仅要看其中的新信息占有量，还要看对文献作者及编辑者的观点与看法，客观地陈述和比较国内外相关学术流派的特点和贡献，批判性地评价其优势与缺点。

为了让读者熟悉在搜索研究时使用电子数据库，笔者选择了 ERIC 作为示例。请在计算机尝试访问 Internet，执行以下操作。

（1）访问网站 www. eric. ed. gov，你会进入 ERIC 的官网：欢迎访问 ERIC 数据库的页面，该数据库目前包含 1966 年以后的研究，并经常更新。

（2）将光标放在 ERIC Search 上，然后单击进入基本搜索屏幕。

（3）有一个搜索框，可以在其中键入关键字查找。输入单词"焦虑"，然后单击"搜索"，这应该会产生 9000 多个文献。

（4）显然，在这个列表中有许多研究文章与你的研究问题并不相关。请单击返回，然后单击高级搜索。

①在"出版物类型"窗口向下滚动，单击"期刊文章"，然后单击"搜索"。通过这样做，你将把搜索范围限制在期刊上发表过的文章。

②这样便得到一份自 1966 年以来发表的 3973 篇参考文献的列表，其中包含"焦虑"这个词。

（5）现在输入两个关键词："焦虑"在第一个框中，"语言学习"在下一个框中，且用 and 分隔。

从 1966 年至 2003 年这两个术语出现在 130 项文献中。

然而，如果你只对在一定时间内完成的研究感兴趣，你可以点击你想开始的年份，通过向下滚动"从"或"到"框来结束的年份在发布日期下。当笔者把搜索限制在 1990 年到 2003 年，ERIC 查出了 80 条参考文献。

（6）如果选择"高级搜索"选项，你可以使用更多关键字、作者姓名、文章标题和更多术语。你还可以使用 and、not 或 or 组合类别。

张晓宇（2015：141-144）通过中国期刊总库（CNKI）包含二语

习得259篇文献的统计发现：总体上，逻辑思辨的论文数量居多，实证研究和文献分析论文数量基本相当。且实证研究文献的上升趋势较为明显。从不同阶段上看，1991—2000年阶段，共7篇文献，没有文献分析类论文，实证论文仅为1篇；2001—2005年共有文献49篇，逻辑思辨占多数，但是文献分析类论文上升趋势很明显；2006—2010年、2011—2014年阶段虽然文献总量上还是以逻辑思辨类的文献为主，但实证研究类的文献上升速度比较快。研究者已经认识到实证研究的重要性，实证研究比单纯的逻辑思辨研究发展空间更广阔。[1]

（三）量性方法的优缺点

本书旨在讨论量性与质性研究方法对外语教学中研究问题解决能力的具体贡献。两种研究方法和方法代表的不同的研究策略，在理论、认识论和本体论问题上有所不同。任何方法的使用都取决于研究者的数据收集和分析方法。在中国的教育体系中，学生从小学就开始被要求学习一门外语。由于20世纪80年代之后的开放政策，学习外语在中国变得越来越受欢迎。在中国，从小学到高等教育阶段，英语是许多学生的必修课。为了促进大学以科学的方式开展英语教学，提高大学生的英语综合能力，人们对英语教学和学习的研究给予了高度重视。

质性研究人员通常认为量性研究过于简单化、去文本化、概括化，未能捕捉到行为者对其生活和环境的意义；外语教学的量性研究需要谨慎，以避免数据收集和解释过程中产生偏见。以下，笔者将从量性和质性方法的使用角度讨论两篇涉及英语教学问题的已发

---

[1] 张晓宇. 二语习得研究现状分析：以1991—2014年核心期刊文献为例［J］. 内蒙古师范大学学报（哲学社会科学版），2015（05）：141-144.

表的文章，并分别讨论每种研究方法的优缺点。

第一篇文章是关于学生在TESOL（对外英语教学）课程中的成绩的量性研究，该课程提供课堂和网络教学的两种不同模式。Thurunarayanan和Perez Prado（2001）得出的结论是，在线学习英语学生的成绩高于那些参加课堂教学的学生的成绩。①

这种研究方法的优点在于使用了客观现实中的数据和变量。通过对实验结果的统计分析，笔者可以很清楚地得出这样的结论：网络课程组的学生比课堂环境组的学生学的东西"略多，但不显著"。可以参考的是Dornyei（2007）列出的评估客观现实的标准化程序，同一名教员评估的前测和后测，这保证了测试结果的公平性。

量性分析的缺点包括：第一，此处所选论文缺乏更翔实的数据，并在分析中应用研究计算工具（如SPSS）对收集的数据进行了详细分析。第二，需要更具体的讨论来分析课堂授课和网络课堂的有效性和评估教学效果，如果采用更多的质性方法，结论将更加清晰。例如，访谈可以设计为询问参与者对在线和离线教学和对学习的看法。

（四）质性方法的优缺点

第二篇文章是对教师的教学技巧的定性分析，教师的教学技巧来源于"信念、知识、理论、假设和态度"的储存。② 在文章讨论中描述教师的教学行为，同时反思教学行为背后的动机，这可以帮

---

① THIRUNARAYANAN M O, PEREZ-PRADO A. Comparing web-based and classroom-based learning: a quantitative study [J]. Journal of Research on Technology in Education, 2001, 34 (02): 131-137.

② BORG S. Teachers' pedagogical systems and grammar teaching: a qualitative study [J]. TESOL quarterly, 1998, 32 (01): 9-38.

助教师发展他们的第二语言教学概念,让读者意识到教学方法选择和组织的复杂性。

作为语言学习和教学研究领域的重要组成部分之一,教师的角色变得更加重要。从课堂观察和访谈中收集第一手资料,这是定性研究的另一个主要优点。研究者通过对真实课堂事件的阐释和对教师的反思,揭示了其哲学基础和课堂教学技巧。

该研究缺点之一是样本量小,一名教师不能代表整个目标群体。另一个缺点是对研究者收集的数据进行主观分析,而研究者通常就是参与者。事实上,他在课堂上的参与是不可忽视的,使用所讨论的数据也是有主观选择性的。从对这两篇文章的讨论中可以清楚地看出,每种研究方法在处理不同的研究主题和回答不同的问题方面都有其优缺点。

Guba and Lincoln(1985:105-117)认为,与量性方法相比,质性研究以独特的角度提供了有价值的信息和见解,与量性研究相比,质性方法有三个优势。第一,质性方法将提供宝贵的经验和个人的评论和智慧,探索和解释我们周围复杂的社会。第二,质性方法更适合以人为中心,研究第二语言学习和教学研究领域的复杂性。第三,对那些依靠生活进行调查的研究人员来说,质性研究更具有变革潜力。[①] 根据第二语言习得领域其他专家的研究结果,Nunan(1992)总结了质性研究的六个特点:①语境,即研究不是在实验室或模拟环境中进行的,而是在真实的环境中进行的;②研究者不操纵或控制被观察的现象;③长期性,研究持续

---

① GUBA E G, LINCOLN Y S. Competing paradigms in qualitative research [J]. Handbook of qualitative research, 1994, 2 (163-194): 105.

很长时间，通常超过几个月甚至几年；④协作性，质性研究通常有更多的参与者；⑤解释性，研究人员对材料进行解释性分析；⑥有机性，研究问题或假设与数据收集和解释相互作用。问题和假设是在数据收集和解释过程中提出的，而不是由研究者预先确定的。总而言之，它具有整体性、启发性、归纳性和低控制性（自然），强调解释社会角色的言行和记录。

（五）混合法

主要包括以下一些问题。

1. 什么是混合研究方法？

2. 为什么研究者选择混合研究方法？它有什么优点？

3. 四种主要的混合研究方法设计是什么？

4. 研究人员如何决定使用四种设计中的哪一种？他们应该考虑什么样的特质？

5. 研究人员应该遵循什么步骤来设计和实施混合研究方法？

6. 研究人员应该考虑用什么来提高他们的混合研究方法的质量？

在教育研究中，量性研究一直占据主导地位，直到20世纪70年代，质性研究方法才得到认可。质性研究方法在教育研究中得到了广泛的应用。然而，由于量性与质性研究方法的局限性需要更复杂的混合研究方法来进行研究，混合研究方法是前两种方法的结合。混合研究设计是当今研究方法学发展最快的领域之一。从20世纪80年代初开始，质性研究方法与建构主义明确相关，而量性方法继续与实证主义相关。这种状况导致了"范式战争"和"不相容性理论"。混合方法研究（MMR）于2000年左右出现，也称为"第三次方法学运动"（Venkatesh，Brown，Bala，2013：22），已越来越被研究人员所接受。① 尽管量性与质性的区别确实将两种研究方法分开，但不意味着两种方法必须相互排斥。"混合研究方法"是一个新的、蓬勃发展的研究方法学分支，涉及量性与质性方法的结合使用，期望提供两全其美的结果。因此，研究人员会尽可能地打破量性与质性的方法之间的障碍，并强调将它们结合在一起的多种方式，以达到最佳研究效果。

Venkatesh 等人提出了 MMR 的七个目的。这七个目的是：互补性、完整性、发展性、扩展性、确证/确认性、补偿性和多样性。具体描述如下：（1）互补性——获得关于相似经验或关联的共同观点。（2）完整性。（3）发展性——从一种方法中构建问题，这些问题从先前方法的含义中体现出来，或者一种方法提出了要在后续方法中测试的假设。（4）扩展——澄清或阐述从先前方法中获得的知识。（5）佐证/确认——评估从一种方法中得出的推论的可信度。（6）补偿——通过使用另一种方法来弥补一种方法的缺点。（7）多样性——获得相同经验或关联的对立观点。

教育研究中常用的六种 MMR 包括：（1）并行同时收集、合并和使用量性与质性数据；（2）解释性顺序，首先收集量性数据，然后收集质性数据，以增强量性发现；（3）探索性顺序，先收集质性数据与调查现象，然后收集量性数据以解释质性发现；（4）嵌入，在一个设计目的是支持另一个设计结果的同时收集两种数据；（5）变革

---

① VENKATESH V, BROWN S A, BALA H. Bridging the qualitative - quantitative divide: guidelines for conducting mixed methods research in information systems [J]. MIS quarterly, 2013, 37 (01): 21-54.

性的,使用解释性的、探索性的或嵌入的设计类型,同时将设计类型纳入不断发展的环境中;(6)多阶段,通过大量研究来检查主题或问题。

混合研究方法,是对观察到的量性质性设计的局限性的回应。国外所使用的学术数据库来自大学的在线图书馆,包括但不限于谷歌学术搜索、EBSCO、Eric、ProQuest 和 Sage Publications。但是科研人员并未搞清混合研究所蕴含的意义:混合研究是指数据收集方法还是分析方法?也未详述具体使用的研究策略中,是量化数据主导还是质性数据主导。混合的目的是研究结论的完整互补还是更加深入,抑或是检验研究方法的效度?对此,Bergman(2008:20)主张在混合研究方法的应用中"混合"数据收集和数据分析方法,而不是边界模糊的量性和质性方法,给研究者们提供了一种全新的视角。[1]

表1-1 量性和质性研究策略的根本区别

	量性	质性
认识论倾向	自然科学模型(尤其实证主义)	解释主义
本体论倾向	客观主义	建构主义

资料来源:布莱曼(Bryman,2001:20)

混合研究方法是一个收集、分析在研究的某个阶段"混合"量性和质性数据的过程。在某个单一的研究过程中,以便更完整地理解一个研究问题。四种最常见的混合方法设计是解释性设计、探索

---

[1] HUNTER B. Advances in mixed methods research: theories and applications [J]. Drug and Alcohol Review, 2009 (28): 575-582.

性设计、三角测量设计和嵌入式设计。具有三个主要特点：

（1）时间先后，在一项研究中，收集和分析量性和质性数据的顺序；

（2）权重，在这项研究中给予某一类数据的优先级；

（3）混合，在研究过程中，量性和质性数据和结果的整合方式。

混合研究方法有四个主要目标，每个目标都通过一个具体的设计方案来实现：

（1）用后续的质性数据解释或阐述量化结果（解释性设计）；

（2）使用质性数据开发新的测量仪器或理论，随后进行测试（探索性设计）；

（3）比较量性和质性数据集，以得出验证良好的结论（三角设计）；

（4）用补充数据集（量性或质性）加强研究（嵌入式设计）；

为设计和开展混合研究方法，建议以下八个步骤：

（1）确定主题是否最好使用混合研究方法；

（2）选择具体的混合研究方法设计（解释性、探索性、三角测量、嵌入式）；

（3）写详细的混合研究方法的目的；

（4）写具体的研究方面的问题；

（5）选择收集的量性和质性数据；

（6）把研究的程序画一个可视化图表；

（7）分析量性数据和质性数据；

（8）撰写最终报告。

访谈转录为文本之后，使用NVivo7.0辅助分析。经过编码、关联编码、建构结论/观点以及验证结论。数据主要通过文本的、解释的和反身性的逻辑进行解读和分析。大多数的编码为横剖类型。"文本的"编码包括被访者所使用的语言和词汇、互动的顺序、对话的形式和结构以及文本内容。

量性研究曾一度占主导地位，直到20世纪70年代，质性研究方法才得到普遍认可，尤其在教育研究中使用更为普遍。然而，这两种方法都有其自身的局限性，目前，混合研究方法也越来越流行，这是前两种方法的结合。

关于这两种方法最具争议的观点之一是主观和客观的任意划分。如何选择合适的研究方法是摆在研究者面前的一个问题。

Cronholm和Hjalmarsson（2011）认为混合研究方法的优点是：（1）数字和单词都可以包含；（2）不仅假设将被检验，而且过程也将被包含；（3）结论可以是客观的也可以是主观的；（4）概括和非概括都存在。同样，提到混合研究方法的一些缺点是："（1）这要求研究人员对这两种研究方法都有很好的掌握；（2）其中所需设计将会更加复杂；（3）意味着更多的时间和投资；（4）预期意外问题发生的可能性和复杂性。"

近年来，外语教学研究出现量性和质性研究的结合，一般包括收集调查数据和个案访谈，有的还包括参与式观察方法。质性研究作为一种新的解释方法，在心理学和教育方法论中占据着主导地位，也适用于在英语教学环境中探索个人经验和观念的社会科学研究，因为它具有"以人为本和变革性"的特点。Dornyei（2007）认为："某些问题最好使用质性或定量方法进行研究，但在大多数情况下，混合研究方法可以为理解相关现象提供更多的好处。""混合研究方法有其优点：（1）将两种最佳范例结合起来；（2）吸引更多的观众。"

尽管以上讨论了混合研究方法的优缺点，但许多研究人员更喜欢混合研究方法。

Caruth（2013）认为混合研究方法是相辅相成的，已经变得流行，关注个体和特定的场合视角，产生更特殊的效果。[①]

混合研究方法设计的优点包括：（1）词语、图片和叙述可以用来增强数字的说服力，而数字可以增加词语、图片、叙述的准确性；（2）可以处理更广泛的研究问题，因为研究者的研究设计不限于一个；（3）可以给出更有力的结论；（4）通过三角测量（交叉验证）提高效度；（5）可以增强洞察力和理解力；（6）与仅使用质性研究设计相比，它们可以提高概括的能力。

混合研究方法设计的缺点包括：（1）对单个研究人员来说，可能是困难的，特别是当两种方法同时使用的情况下，可能需要一个研究团队；（2）当涉及并行时，它们可能会更耗时和昂贵；（3）它们要求研究者学习多种方法，将它们知识化地结合起来，专业地加以利用；（4）两种方法并非没有冲突，因为方法论纯粹主义者认为研究人员应该在单一研究设计中工作，而不能在一项研究中混合两种设计。

（六）理性主义

人们普遍认为，研究的目的是增加我们对世界的认识，并证明我们对世界的常识概念的真实性。量性研究和质性研究之间的区别

---

① CARUTH G D. Demystifying mixed methods research design：a review of the literature [J]. Online Submission，2013，3（02）：112-122.

之所以一直存在，一方面的原因是这两种不同研究传统和方法代表了不同的思考和理解我们周围世界的方式。其背后是一场关于知识的本质和对世界断言的辩论，而这场辩论本质上是一场哲学辩论。在某种程度上，大学或科研机构的研究比基于轶事、外行人的经验或制造商自己内部的说法更"科学"。也许是因为现代科学享有的声望和成功，其理性主义的取向不仅遍布人工智能和计算机科学的其他领域，而且也遍布语言学、管理理论和认知科学的大部分领域。并且理性主义的话语和思维方式决定了研究人员提出的问题以及所采用的理论、方法和假设。

（七）伦理问题

社会互动是一个非常复杂的过程，涉及诸多因素。两种方法的组合，产生了不可避免的伦理问题。当研究人员收集数据并进行与研究活动相关的任何活动时，无论在设计研究项目之前使用何种研究方法，都有义务考虑伦理问题并征求参与人员许可。出于伦理考虑，研究者应牢记以下理念：第一，尊重参与者的隐私非常重要。第二，人们的想法和意见将受到重视，同意使用他们的想法和评论是非常重要的，这是他们知识产权的一部分。第三，所有的数据和资料都应该保密，不要泄露出去而影响参与者的生活。最重要的是让参与者充分意识到，他们有权在过程中的任何阶段选择退出。同时，应告知研究者研究的目的、可能的结果或对他们的生活和学习可能造成的影响。

总之，研究者应赋予研究过程足够的人性，尊重研究参与者，同他们建立起关系，并严格保密。研究者应该少说多听、有效追问、避免诱导性问题和价值判断等。

二、研究方法在已发表期刊文章中的流行程度

然而，每个研究者在做研究时都有自己的习惯。在对每种方法的两个方面进行权衡后，笔者从发表的期刊中收集的上述三种研究方法的数据来看，混合教学法是研究者在英语教学研究中采用的最多的研究方法。对两种方法的优缺点进行权衡后得出结论：在语言教学研究领域，混合研究方法似乎是最好的方法。

笔者通过检索贝尔法斯特英国女王大学数据库（QUB）来讨论研究方法在发表的学术文献中的使用情况。首先，笔者在网上查阅了图书馆目录，选择了"文章搜索"。其次，选择了"教育"这个主题。最后，输入了关键词"混合研究"和"英语教学与学习"，时间跨度选择为2004年至2013年。如表1-2。

表1-2 量性研究方法论文数量

发表年份（年）	数量（篇）
2004	1809
2005	1905
2006	2336
2007	3001
2008	3316
2009	3376
2010	3346
2011	3577
2012	4120
2013	3877

然后，笔者重复了第一步和第二步，在第三步，输入新的关键词"量性"，而不是"混合研究"，作为两个关键词之一。其他搜索条件相同。结果如表1-3所示。

表1-3 量性研究方法论文数量

发表年份（年）	数量（篇）
2013	4293
2012	4442
2011	3596
2010	3301
2009	3507
2008	3333
2007	3049
2006	2248
2005	1853
2004	1799

接下来把关键词从"量性"改成"质性"，查询结果如表1-4所示。

表1-4 质性研究方法论文数量

发表年份（年）	数量（篇）
2013	5903
2012	6329
2011	5312
2010	4560
2009	4722
2008	4573
2007	4056

续表

发表年份（年）	数量（篇）
2006	3145
2005	2614
2004	2398

根据笔者在英国女王大学（QUB）网站上收集的数据，制成了不同的图表，以上图表已说明从 2004 年至 2013 年的十年中三种研究方法的使用趋势。以下是图 1-1，显示了三种方法发表的文章数量。

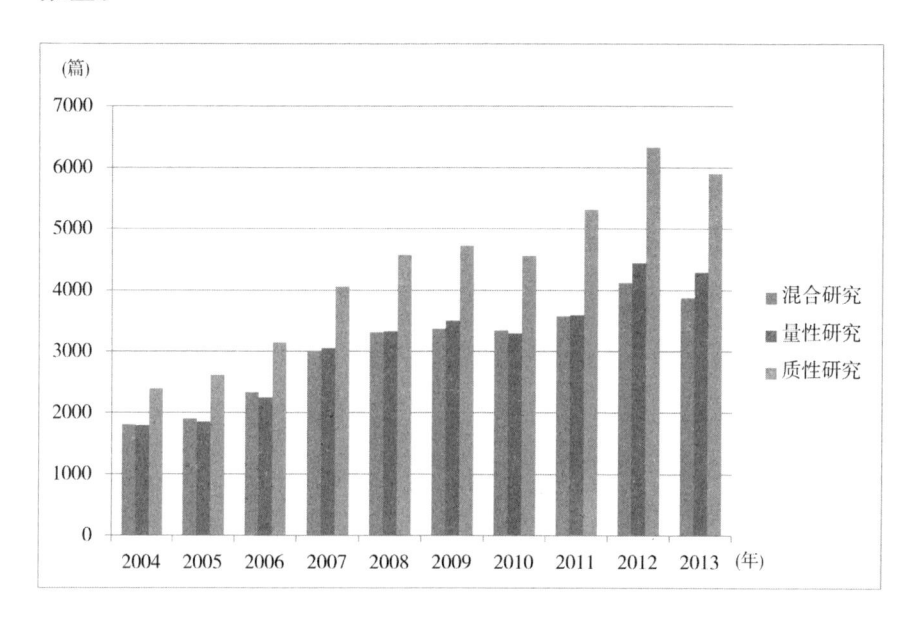

图 1-1 三种研究方法的论文数量变化趋势对比

图 1-1 显示了 QUB 在线数据库中使用不同研究方法发表的论文数量。可以明显看出，从 2004 年至 2013 年，所有方法都有上升

的趋势，在 2012 年数量最多，分别为 6329、4442 和 4120。2013 年起开始有下降趋势。相比之下，在三种方法中，质性方法发表的文章最多，量性方法和混合研究方法发表的文章数量在过去十年中保持了相似的趋势。质性方法应用更广泛，比其他两种方法高出约 10%。

而且三种方法研究发表的文章占已发表文章的比例从下面三个饼状图中可以更清楚地看到，在十年的不同时间段质性方法呈上升趋势，图 1-2、图 1-3、图 1-4 分别显示了 2004 年为 40%，2008 年为 41%，2013 年为 42%。定量研究方法论文数量上升趋势为 30%。混合方法略有下降，2004 年和 2008 年分别为 30% 和 29%，2013 年为 28%。

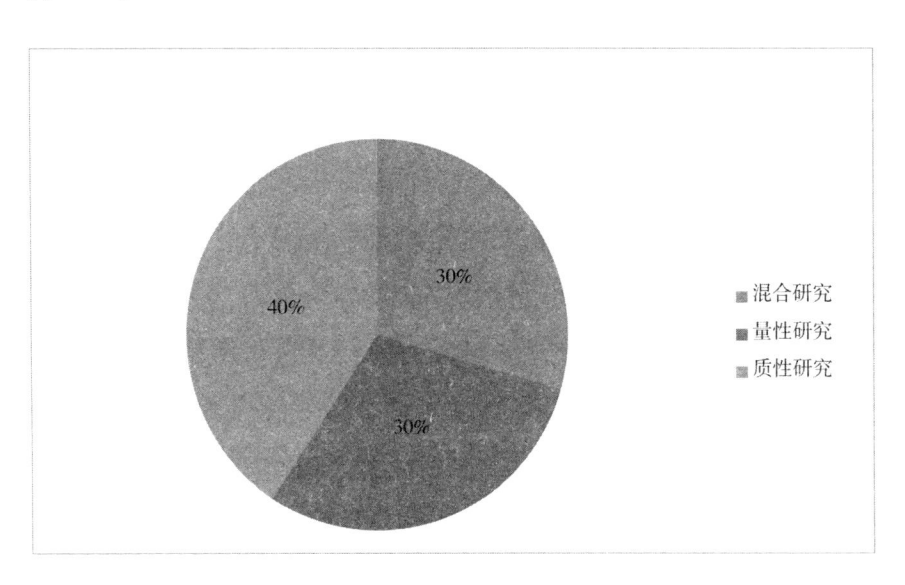

图 1-2　2004 年三种研究方法的比例

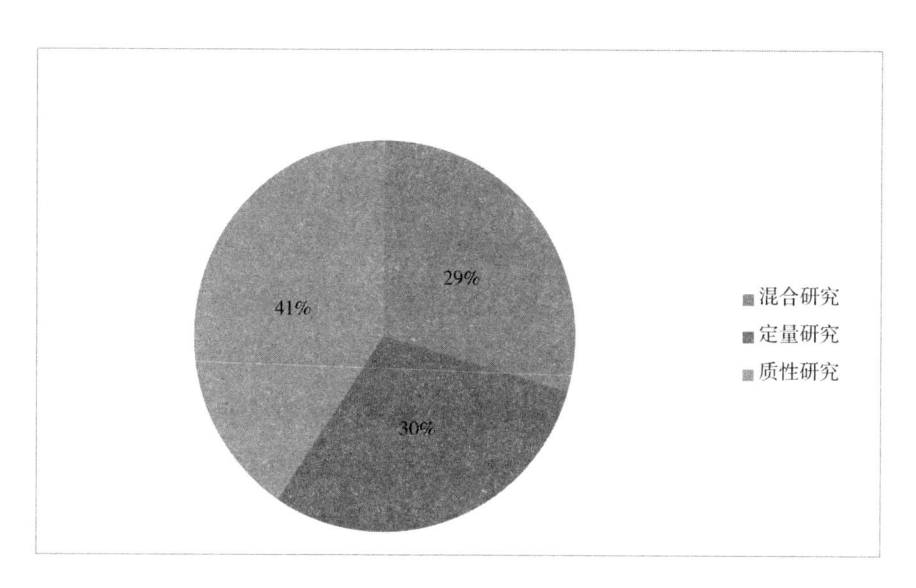

图1-3 2008年三种研究方法的比例

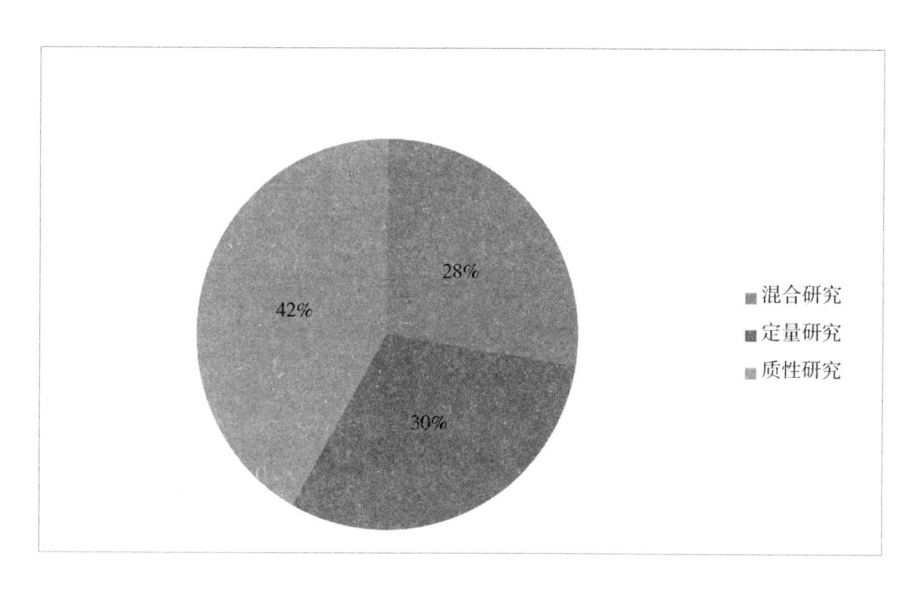

图1-4 2013年三种研究方法的比例

在理论上，混合研究方法将是研究者进行研究的最佳选择，它将量性研究和质性研究的优点结合起来。对于已发表文章中每种方法的具体比较，可以清楚地看到，不同作者采用的方法中质性研究占主导地位。量性研究和混合研究方法的比例相对接近。

同样，通过考察两种应用语言学期刊 *Applied Linguistics* 和 *TESOL Quarterly* 自 2003 年至 2012 年间语言教学实证研究中的混合法的应用，学者张培发现：在 314 篇语言教学实证研究论文中，混合研究有 74 篇，约占实证研究的 23.6%。在这些研究中，混合研究的使用以融入传统研究风格/策略中的方式为主，而将混合研究作为一种单独的研究策略，在近 10 年的 *Applied Linguistics* 和 *TESOL Quarterly* 中仍然不多，仅出现 13 例，其中明确提出"混合研究"概念并加以论述的只有 6 例。这表明在应用语言学领域，虽然量化和质化的结合并不少见，但相对其他社科领域来说，混合研究的概念引入和身份确立不够明显。

学生将有机会：

（1）批判性地思考关于各自专业背景的理论之争和理论的适用性，他们目前感兴趣的教育领域的研究方法。

（2）批判性地参与主题讨论，并探讨讲座中出现的问题。

（3）发展研究技能，包括量性和质性评估研究、计划、组织和展示。

（4）对文献进行分析。

（5）在研讨会上提出论点证据分析，这将能够测试他们对新出现问题的理解并将其应用于对其他教育样本的批判性研究。

（6）调查、评估、审核期刊文章。

（7）进行学术阅读和写作。

结 论

本节回顾外语教学研究的部分文献。大多数学者认为质性和量性研究之间的传统区别过于简单和幼稚。笔者认为量性方法与质性方法的区别在于：前者强调对假设的检验，重视不同变量之间的相关性和普遍规律的推广，但后者将理解建立在不同语境中对个案理解的描述的基础上。量性分析依赖于大量的数据积累，就数据收集中使用的具体方法而言，质性研究比量性研究更现实。

应用语言学是一个广泛的跨学科研究领域。它关注语言的使用，了解语言在现实世界中是如何使用的。应用语言学家的研究领域包括：第二语言习得（SLA）、为其他语言者教授英语（TESOL）、语言规划和政策、语言认同和个体差异等许多领域。应用语言学家也从事教育、心理学、社会学、人类学等领域的相关工作。例如，研究人员观察在语言发展的不同阶段学习者通常会犯哪些语言错误，或者 TESOL 研究人员考虑编写教科书如何帮助学生发展他们的写作技能。应用语言学的第二个重要领域是研究语言使用的语境和经历。例如，移民女性如何作为不同程度的语言熟练者使用目标语言或 TESOL 研究人员可能会调查如何沟通课堂环境影响着学生对语言学习的态度。同样，语言身份研究人员可能会研究未成年人如何通过语言构建他们的身份。

研究人员如何处理这些问题？实际上，他们有三个选择：使用量性研究、质性研究、混合研究方法。

从以上对三种方法的分析可以看出，每种方法都有各自的优缺点，但统计数据帮助我们对每种研究方法都有一个准确的概念，并理解为什么不同的研究者使用不同的方法来讨论不同的主题。混合研究方法的结合可以比单一方法更全面地理解主题。语言研究和课堂学习环境中有一些传统方法,如语料库研究、调研、互动及语篇研究、实验、案例研究、纵观研究、内省方法、心理测量等。互动话语和民族志都已融入了混合研究方法,以补充观察、识别、测量和验证数据,比较不同的课堂教学方法。混合研究方法的使用是理想的,因为它允许互补性和三角测量,并平衡弥补了每种方法的局限性。为了成为一名称职的、多样化的教育研究者,一个人必须掌握研究方法的多个领域的知识,并熟练使用该方法。

从20世纪60年代开始,教育领域中量性研究的主导地位受到了挑战,有时被描述为范式战争的领域分裂。最近,两者之间的紧张关系有所缓解。两者之间的区别在教育领域具有重要的示范意义,有研究还指出,由于存在相似之处,这种鲜明区别的价值应该受到质疑并予以放松。基于两种方法没有孰优孰劣,以及厌倦了关于哪种方法优于另一种的争论,越来越多的常用方法是混合研究方法——量性和质性相结合。此外,由反思性和敬业的教师进行的教育研究和案例研究将有助于检验他们的专业发展,提高他们的知识和教学技能。这反过来又将推动基于学生需求和课堂数据的合理决策,有助于教育和语言教师在其特定研究项目和教学环境中的专业发展,并使整个学校和学生成绩进步。

因此,研究人员谈论混合研究方法已经成为教育研究的一种趋势,在权衡了每种研究方法的优缺点并讨论了这三种方法应用于已发表学术文章的普遍性后,得出了使用质性研究和混合研究优于使用量性研究的结论。

第一章 导 论

本书旨在比较量性研究与质性研究的异同及各自的优缺点，使读者不仅仅是作为一个观察者，还是一个训练有素的专业研究者。使其具备对质性研究方法在英语教学中的价值的思辨和理解，深度思考、分析和解释数据并尝试创建一个完整丰富的知识体系，以便批判性地反思与证据和分析相关的问题。

方法论是人们认识问题与处理问题的根本方法，它和人们所持的本体论与认识论是分不开的，因此，有什么样的本体论与认识论，就会有什么类型的方法论。长期以来，人们受自然科学研究范式的影响较深，以孔德、涂尔干和休谟等人为代表的实证主义认为，人类社会的各种社会现象与自然界一样都是客观存在的，且这些现象之间存在一定的内在联系，可以通过实证研究来发现。正是因为受这种思想的影响，人们习惯于用量化研究来分析各类社会现象，并试图通过控制样本的选取以发现超越个体特征，具有普遍性、客观性与可验证性的一般规律。

对实证主义来说，他们要求研究者利用标准的技术与程序、可复制的研究设计去发现或验证客观的知识，而拒绝通过意义解释或直觉所产生的认知，从而也就激发了对质性研究科学价值的争论。他们认为，质性研究是一种印象式的、轶闻式的、非系统的以及带有研究者主观偏见的，在研究过程方面缺乏可重复性，在研究成果方面局限于地域性，缺乏普遍性与可验证性。

不可否认，传统的质性研究本身确实存在很多局限性，这也是扎根理论产生的根本原因之一。但到 20 世纪中叶，量化研究的局限性也日益凸显：（1）过于强调样本代表性而缺乏对问题的深度研究；（2）对复杂、动态的人文社科现象无法采用统计、测量等量化方法进行研究；（3）通过验证基于现有理论提出的假设，一定程度上可以使现有理论变得更为精致化，却无法发现新理论等。

本节具体讨论问题如下：量性研究和质性研究之间的区别，人们所说的知识状态是什么，以及对理解研究传统有何特殊意义。传统上，研究者对质性研究和量性研究进行了二元区分，尽管最近有人认为这种区分过于简单，例如，Reichardt 和 Cook（1979）认为从实际角度来看，量性研究和质性研究在许多方面是无法区分的。那些做出区分的人认为定量研究是突兀的、可控的、积极的、可归纳的、结果导向的，并假定存在某种程度上独立于观察者或研究者之外的"事实"。该分析范式，通过实验收集数据，并产生量性数据以进行统计分析。

与量化研究不同，质性研究不关注数量，而旨在解读某个事件或经历所蕴含的意义，重在阐释结果背后的原因。换而言之，质性研究旨在解释人们如何理解自己的经历，如何建构自己的世界，以及如何认识这些经历对自己的意义。

量性研究可以列举出外语课堂教学中出现的种种问题及其分布规律，但不能完全揭示产生这些问题的原因。例如，在外语课堂教学中，我们会发现很多问题，如学生上课玩手机、不愿意参与小组活动等。量性研究并不能揭示通过改变教学方法、实施干预，学生的学习成绩是否发生了有效变化等。相比之下，通过访谈、观察、文本收集等方法，质性研究可以从学生的角度理解学生学习外语的经历、对外语学习的态度或对外语课堂教学的看法，也可以从教师的角度理解学生外语学习中出现的各种问题等。总之，通过多种数据的对比分析、归纳推理，质性研究还可以发现外语课堂教学中出现诸多问题的原因，从而为解决问题提出启示或方案。

与量性研究相比，质性研究采用了不同的假设、探究策略，以及数据收集、分析和解释的方法。质性方法强调的是实体、过程和意义的性质，而非在数量、强度或频率方面进行的实验性检验或测量。换而言之，质性是指事物的本质和范围什么样、何时、在哪里。因此，质性研究指的是事物的概念、定义、特征、隐喻、符号的描述。这种调查的价值取向强调了研究者与受试者之间的关系，以及影响研究结果的情境制约因素的研究。另外，它是一种探索性的、解释性的方法，采用非实验的方法，产生定性的数据，并对这些数据进行解释性分析。混合和匹配这些变量为我们提供了两种纯粹的研究范式。用隐喻的话来说，量性研究是"刚性的"，而质性研究是"柔性的"。

除了阐述质性分析的理论框架以外，本书最大的特点是可操作性和指导性强，从基础开始。落实在以下具体方面：包括正式实验和准实验；启发工具、访谈和问卷、观察工具和时间表；内省方法，包括日记、日志、期刊、协议分析、刺激回忆；互动和转录分析；民族志和案例研究等。

第三节 研究中的几个关键概念

一、演绎主义和归纳主义

本节我们将更详细地了解"信度"和"效度"的概念。首先，简单地说一下两个重要术语。第一个是演绎主义（Deductivism），从一个假设或理论出发，寻找支持或反驳该假设或理论的证据。第二个是归纳主义（Inductivism），试图从对单个实例的调查和记录中得出通用的原则、理论或结论。归纳是被人们越来越有意识地用所谓假说——演绎法取代的。这个方法的第一步是"推测"，也就是建立一个假说。第二步是进行实验或积累观察以便检验假说。许多评论家指出所谓的归纳主义，即相信可以通过记录调查的实例得出真相。Popper（1968）用他著名的天鹅的例子说明归纳主义。虽然我们可能看到过一千只白天鹅，但没有证据说明，第一千零一只不会是黑天鹅。这就是Popper提出的证伪主义原则。

该原则指出，虽然我们无法永远通过归纳法来证明一切真理，但事实上，我们可以通过Popper的这个不确定的论据（如黑天鹅）来证伪一个假设，例如，所有的假设都应该以一种方式来表述，使它们能够通过一个不确定的实例被证伪。因为人们认为归纳推理具有简单的模式，"与过去相同"（More of the Same）是它的基本原则。所以，我们预言太阳明天会升起，是因为它过去的每一天都升起，或者所有的乌鸦都是黑色的，因为所有观察到的乌鸦都是黑色的。从逻辑上来说，这种观点认为所有的知识都是暂时的，事实上，"绝对真理"是一种永远无法实现的理想，Chalmers（1982）用以下方式介绍了证伪主义者的立场。

根据证伪主义，可以通过观察和实验的结果来证明一些理论是错误的，即证伪主义应采用试错法。这是指人们应该大胆地提出假说和猜测，然后去寻找和这一假说不符合的事例。根据事例对假说进行修正，不断重复这一过程，乃至将最初的假说全盘否定。即使我们假设真实的观察陈述在某种程度上对我们是可用的，也不可能仅仅在这个基础上通过逻辑归纳得出普遍规律和理论。作为前提，证伪主义者把科学看作是一组假设，这些假设是为了准确地描述或解释世界或宇宙的某些方面的行为而初步提出的。然而，任何假设都做不到。任何假设或假设体系要被赋予科学法律或理论的地位，都必须满足一个基本条件，假设必须是可证伪的。

例如，一些第二语言习得研究结果认为，第二语言的所有英语学习者的学习句法都经历了一定的发展阶段。根据研究人员的说法，学习者不可能跳过一个阶段，比如，如果发现一个学习者还处于第二阶段已经掌握了第四阶段的语法项目，那么发展假说就不成立了，该过程就是证伪（Pienemann and Johnston，1987）。

理论是指人们对大量观察到的现象和关联产生意义，经由一般化与演绎推理等方法，进行合乎逻辑的推论性总结。在应用语言学中，我们没有任何包罗万象的理论来解释语言学习中观察到的所有现象。然而，一些小型理论，也被称为理论模型，如乔姆斯基的生成语法理论，在不断发展。还有一些更传统的理论模型，如乔姆斯基的通用语法、克拉申的监控模型、塞林克的跨语言模型和舒曼的文化适应模型，这些都是为了给我们在应用语言学中遇到的许多观察到的现象赋予意义，比较和对比各种理论模型。Carrier（1999）研究了五种理论模型，研究人们为什么在听力理解上存在差异。如社会适应理论模型，提出了社会身份对语言行为的影响。社会互动理论模型，提出社会距离影响人际谈判。人际感知理论认为，与说话人的关系会影响听力。基于对这些理论模型的概述，她提出社会语言学因素，如身份，在外语或第二语言学习者的听力理解中起着重要作用。

研究问题答案，以理论的假设的形式出现。例如，Bley Vroman 的基本差异假说，讨论了成人第二语言学习者学习语法是否与儿童学习第一语言不同。这一假设认为，儿童在学习语言时与成人有三种不同：认知状态不同、语言能力不同和语言习得系统不同。如果这一假设得到研究的充分支持，我们可能会得出结论，成人第二语言学习者学习语法的方式与儿童学习母语的方式不同。这将直接应用于我们在课堂上的教学方式和教学内容。

二、信度和效度

研究中另外两个重要的术语是信度和效度，本书之后将反复提到这两个术语。

信度是指采取同样的方法对同样的研究对象重复进行测量时获得的结果一致的程度。信度指的是研究的一致性和可复制性。人们习惯区分内部和外部的信度，内部信度是指数据收集、分析和解释的一致性，外部信度是指独立研究者重现并获得与原始研究相似的结果的程度。笔者将在本节中对每一种信度和效度进行简要介绍。

在最近一次关于课堂互动的调查中，笔者的研究生对三位老师和他们的学生的互动观察进行了编码。笔者独立编写了一个交互示例。然后和笔者学生独立撰写的示例进行比较，发现95%的内容是一致的。我们把这种较高程度的一致性看作是表明该研究具有很高的内在信度。如果一名研究生进行第二次研究并获得相同的结果，我们可以声称该研究对外可信，具有较高的外部信度（这种评分者间的信度程序只是防止研究内部信度受到威胁的一种方法）。

效度也有两种类型：内部效度和外部效度。内部效度是指研究的可解释性，即研究的结果能被解释的过程。在实验研究中，它涉及这样一个问题：内部效度是指实验结果内含系统误差的情况，即样本均值与总体均值偏差的大小，偏差越大，内部效度越低。外部效度是指结果从样本到总体的推广程度，指实验结果可推论性或代表性。研究人员必须时刻意识到他们工作的效度和信度所面临的潜在和实际威胁。

内部信度：一个独立的研究者，在重新分析数据时会得出同样的结论吗？

外部信度：一个独立的研究者，在复制这项研究时，会得出同样的结论吗？

外部效度：该研究设计，是否使我们能够超越被调查的部分对象，推广到更广泛的人群？

以上列出了与信度和效度有关的关键问题，外语教学研究与语言测试中，效度和信度的核心概念是极其重要的，我们将在本书的后续章节中看到这一点。

除了内部效度和外部效度，研究者还需要密切关注结构效度，该效度指的是测验测得心理学理论所定义的某一心理结构或特质的程度：如心理素质、智力、熟练程度、动机或天赋等，属于人们不能直接观察到，但为了解释可以间接观察到的行为（如说话或解决问题的能力）。如果研究人员未能提供具体的定义，那么我们需要从字里行间去解读。例如，如果一项研究调查的是"听力理解"，因变量是一个书面完形填空测试，那么听力理解的默认定义是"完成书面完形填空的能力",如果我们发现这样的定义不可接受,我们就会质疑该研究的结构效度。

第四节 什么使研究"质性"

外语教学涉及人的互动和行为的众多复杂方面,涉及教学法、课堂活动、互动以及社会化、语言发展、教师培训等问题的多元和复杂视角需要质性研究。自20世纪70年代末以来,随着中国的对外开放,英语教育的研究议程已经被广泛关注。因此,与其他学科一样,英语教育也发生了重大转变,亟须有效和实用的研究类型和方法。①

然而,第二语言教和学是一个复杂的过程,涉及许多因素和条件。例如,在以下每个假设中,找出每个假设是相关的还是因果的,并给予解释。

(1)收入水平影响第二语言习得。

(2)二语学习者越焦虑,他们第二语言学习的速度就越慢。

(3)动机的水平将决定发音学习的好坏。

(4)二语学习者对语言国家的态度越积极,第二语言课程的学习将做得越好。

---

① DUFF P A. Qualitative approaches to classroom research with English language learners [M]//International handbook of English language teaching. Springer, Boston, MA, 2007: 973-986.

从 Gao 和 Liao（2014）①的观点来看，中国的研究者已经讨论了与语言学习者的学习过程和结果、语言表现和语言教师的培训与发展相关的各种主题，并越来越多地使用实证方法来满足中国人的学习需求。

本部分的初衷是介绍应用外语教学中的质性研究方法和传统。Chaudron（1988）认为，应用语言学有四种研究传统，试图超越质性和量性研究之间的二元区别。这四种传统分别是心理测量学、互动分析、话语分析和民族志。一般来说，心理测量学研究通过实验方法来确定不同方法和材料的语言习得。课堂环境中的互动分析研究了学习者的互动行为，并利用各种观察系统和时间表对课堂互动进行编码。话语分析通过对课堂记录的研究，从语言学的角度分析课堂话语，课堂记录通常将话语分为预定的类别。最后，民族志试图通过自然主义的、不受控制的观察和描述来洞察课堂作为一个文化系统。虽然 Chaudron 试图超越传统的二元区分的目的是有价值的，但可以说话语分析和互动分析是数据分析的收集方法而不是各自独特的研究传统。

事实上，这些方法被从事心理测量学和人种学的传统的研究人员所使用。例如，民族志学家可以使用互动分析检查表来补充他们的自然主义观察，而心理测量研究可以使用类似的方案来确定和衡量不同课堂、不同教学方法之间的区别。Grotjahn（1987）对应用语言学的研究传统进行了深入的分析。他认为，量性与质性的区别过

---

① GAO X A, LIAO Y, LI Y. Empirical studies on foreign language learning and teaching in China（2008—2011）: a review of selected research [J]. Language Teaching, 2014, 47（01）: 56-79.

于简单化，在分析实际研究时，有必要考虑数据收集的方法（无论数据是通过实验还是非实验收集的）、调查产生的数据类型（量性或质性），以及对数据进行的分析类型（统计或解释）。

第二章 质性研究方法：理论、设计与调查手段

第一节 理论分析基础

一、基本概念

量性与质性这两种纯粹的研究范式是由对知识的性质和地位的截然不同的概念支撑的。实际上，基于科学实验的理性主义取向使得现代科学的成功享有声望。因此，毫无疑问，理性主义取向作为思维和智慧的典范不仅渗透在人工智能和计算机科学的其他领域，而且也渗透在语言学、管理理论和认知科学的许多领域，理性主义的话语和思维方式决定了问题的提出方式和方法。

在讨论这些问题之前，首先概述一下 Van Lier（1988，1990）为描述应用语言学研究而开发的一个模型。Van Lier 认为应用语言学

研究可以从两个参数来分析：干预参数和选择性参数。①

根据研究者干预环境的程度，对干预参数进行研究。在实验室条件下进行的正式实验将放在干预主义参数的一端，而对实际课堂的自然主义研究将放在另一端。其他参数根据研究者预先指定要研究的现象的程度进行研究。这两个参数的交集产生了四种语义空间参数：控制空间、测量空间、言语行为空间和观察空间。控制空间以高度干预和高度控制为特征，包含实验者将注意力集中在有限数量的变量上并试图以某种方式控制这些变量。例如，在研究文化知识对阅读理解的影响时，研究者可以建立一个实验，让来自不同文化背景的受试者阅读来源于自己和其他文化的文本内容。在这样的实验中，研究的重点是一个单一的变量（文化背景），这个变量是通过阅读文本来控制的，这个测量空间包含了所使用的研究方法，这些方法涉及较高的被试选择程度，但控制程度很低。人们选择某些特征，在操作上对其进行定义，并对其变化进行量化，以建立特征之间或特征与其他事物之间的关系。Brown（1988）也同意"统计研究是（1）以明确的程序规则系统地构建的；（2）基于逐步的逻辑模式；（3）基于有形的、可量化的数据；（4）可复制的，因为应该可以再次进行；（5）还原性，因为它们可以帮助在我们周围看似混乱的事实中形成模式"。

Brown（1988）提供了一个与 Van Lier 截然不同的研究介绍，主要关注量性研究。在他分析研究类型的框架中，他区分了初级研究和次级研究。次级研究包括回顾某一特定领域的文献，并综

---

① VAN LIER L. The classroom and the language learner: Ethnography and second-language classroom research [M]. London: Longman, 1988: 80-81.

合其他人进行的研究，这也是初级研究的必要前提。与次级研究不同的是，初级研究采用的是初级信息来源（一群正在学习一门语言的学生），而不是次级信息来源（关于正在学习一门语言的学生的书籍）。因此，它的优点是更接近信息的主要来源。初级研究分为个案研究和统计研究。个案研究集中在单个或有限数量的人身上，通常是在很长一段时间内，记录他们语言发展的某些方面。另外，统计研究基本上是横向性质的，将一群人视为在特定某个时间点或若干不同时间点的可能性行为的横切面。此外，在这种方法中使用统计分析来估计结果，将减小结果偶然发生的概率或可能性。在 Brown 的模型中，统计研究进一步细分为调查研究和实验研究。调查研究调查一个群体的态度、观点或特征，通常是通过某种形式的问卷调查和实验研究，另外，控制观察或描述被调查行为的条件。例如，研究者可能希望研究男女学生在语言测试中的表现，这些研究包括对学生进行测试，然后根据性别将他们的分数分成两组，最后研究两组学生在行为上的异同。而如果采用实验研究，则将考查学生在语言能力倾向测试中的成绩与他们的实际成绩之间的关系。

Brown 认为，实验研究应该表现出几个关键特征。它应该是系统的、逻辑的、有形的、可复制的和可还原的，任何没有表现出这些特征的研究都应该谨慎对待。如果一项研究遵循明确的程序规则来设计研究，那么它就是系统的。

量性和质性研究分歧的另一个产物是它们有不同的理论基础。Hudson and Ozanne（1988）探讨并论证了它们是总结社会科学中主要方法的模型,并且在其哲学假设和目标上有所不同。① Bryman(1984)证明,量性方法将实证主义方法应用于社会科学,而质性研究起源于现象学,包括民族方法学、符号互动论、解释论、扎根理论和民族志等领域。

教育思想家自然会经历从实证主义量性的基本假设到质性解释主义的转变,但并不容易,他们对知识获取过程中的认知方式进行了普遍的探索。如今,每一位外语学习者(EFL)都需要在自己的学年学习某种外语,数百万的外语学习者给语言教学领域带来了巨大的挑战。尽管英语教学是一个正在改革和革新的庞大行业,但它似乎远远不能满足国家快速发展和与外部世界交流的需要。

全世界的语言教师都希望为学生提供最佳学习机会。在中国,英语教学目前处于一个发展、变革的阶段,许多人要求改革发展的需要包括:英语水平;语言知识和语言学习;语言教学哲学和方法。在这种背景下,需要为语言教学研究提供指导和方法。许多人越来越意识到,教师是中国小学、初中、高中和大学教育改革的关键,TESOL专业人士的发展迫切需要加强教学理念和开拓研究方法。在促进高质量的量性和质性研究方面,研究人员和从业者尽一切努力确保更加熟悉各自的优缺点,并明确两者结合带来的好处,以帮助促进方法学的不断发展。

首先,量性研究适用于社会的各方面和相关学术领域,如社会科学、科技教育和项目管理。总之,外语教学是一个复杂的过程,涉及许多因素,如年龄、智力、动机、认知风格和学生现有的外语

---

① HUDSON L A, OZANNE J L. Alternative ways of seeking knowledge in consumer research [J]. Journal of consumer research, 1988, 14 (04): 508-521.

说、读、写能力水平等这些在规定数量上与以上社会现象相似。外语教学的规模、水平、比例甚至程度都可以用一定的数量来表示和测量。

作为一种新的解释方法，质性研究在心理学和教育方法论中占据了主导地位。质性研究适合开展社会科学研究，其基础是在英语教学环境中探索个人的经验和概念。英语教学涉及人类互动和活动的许多复杂的方面。关于教学法、课堂活动、互动和社会化、语言发展、教师培训等各种各样的问题，这些多重而复杂的观点需要质性研究。

（一）解释主义

解释主义（Interpretivism）是人类在科学研究过程中逐渐形成的一种哲学观点，主要常见于人文社会科学。解释主义的哲学根基来源于唯心论（Idealism）。它主张人类对世界的体验并非是对外界物质世界的被动感知与接受，而是主动的认识与解释。因此解释主义通过语言、意识、共享意义和工具等社会建构将人类的兴趣整合到研究中。

实证主义和解释主义并不是独立存在的。实证主义（positivism）是用来揭示事件发生过程的科学方法。它是基于感觉和经验验证的真实知识。实证主义的一个特点是，它准确地假定科学知识是有效知识的范式，而这种范式从未被证明，也从未打算被证明。实证主义者倾向于采取现实主义立场，并假设单一客观现实独立于个人的感知而存在。相反，解释主义主要是科学方法论，它起源于不同的学科，象征着互动和现象学。解释论者否认现实世界的存在，认为现实是心理的和感知的。

解释主义与实证主义在以下三方面有所不同：第一，实证主义者通常被认定为具有定量方法的自然主义者，他们的观点仅作为一种推理逻辑。相反，解释主义者认为社会科学中可能存在多种逻辑，而不是统一的逻辑。第二，实证主义者试图找出影响结果的原因确定的一种发现一般规律的法理学方法。相比之下，解释方法论旨在从人的角度理解现象，调查他们所生活的历史和文化背景下的人与人之间的关系。第三，实证主义是基于感觉和经验验证的真实知识，准确地假设科学知识是有效知识的范式。相反，解释主义作为一种社会科学认识论，是对个别案例或事件的表意研究。解释研究者认为，只有通过语言、意识、共享意义和工具等社会建构才能接触现实。

总之，一些学者断言这两种范式之间的差异是巨大的、不可调和的。社会科学中的解释范式与实证主义方法并置，两个阵营的纯粹主义者都认为这两种系统不能结合在一起。相反，其他一些学者试图缩小分歧，提出中立的观点。或试图证明他们之间没有差异。Lin（1998）甚至认为一种方法的绝对观点是错误的，两者的结合更有意义。Howe 通过否认存在"非此即彼"的选择提出了这一论点。他主张，量性和定性研究者都应该接受由一定程度的解释主义形成的实证主义，提出通过批判社会研究模式进行调整，避免实证主义与解释主义分裂，以实现和谐。

（二）思想流派

解释主义有几个不同的思想流派：符号互动论、现象学、民族方法学、扎根理论等。其中符号互动论与民族方法论在主题和方法上显然相似，从根本上不同于社会学角度。最初，可以考虑它们的相似性：两者的实践者对早期的理论有怀疑，并建议应用理论技术调查社会世界。双方都赞成采用质性研究方法进行此类调查，特别是民族志。最后，都反对围绕社会互动进行"客观"描述的观点。

然而，它们之间存在着显著的差异。一方面，对符号互动主义者来说，互动的意义完全取决于参与者的解释和理解，而对民族方法学家来说，任何互动"动作"的意义都会自动与其上下文联系在一起：动作，社会行动者的意识与情境相互影响。另一方面，符号互动论者正确地指出，他们的观点解决了传统社会学研究方法的明显缺陷。然而，民族方法学家反驳说，他们的方法构成了一种不平衡的社会学，没有什么是神圣的，甚至传统社会学的最基本概念也必须重新定义。那些认为民族方法论和符号互动论相似的人经常注意到，尽管民族方法论者和符号互动论者使用"意义"和"过程"等概念，但符号互动论和民族方法论在如何解释社会互动的有意义本质上存在根本性差异。这两种观点以完全不同的方法理解社会行动者在日常生活中的意义。

正是因为传统的质性研究与量化研究都存在各自的优缺点，于是有很多学者就试图将这两种方法结合起来使用：一种是将量化研究中的某些方法（如资料分析的方式）引入质性研究中；另一种是将质性研究中的某些方法（如资料收集的方式）引入量化研究中。而扎根理论就属于前者，在质性研究中引入了量化分析方法，试图克服量化研究中深度不够、效度不高与质性研究中程序缺乏规范、信度较差的矛盾。

（三）解释主义与质性研究之间的联系

在分别概述了解释主义和质性研究之后，本节讲述它们之间的重要联系。强调解释和观察对社会科学重要性的学派被称为解释主义，它是质性研究不可或缺的组成部分。

首先，如前所述，量性研究的范式基于实证主义，而质性研究的范式基于解释主义和建构主义，其目的是通过经验理解主观意义。强调解释和观察在理解社会世界中的重要性的学派被称为解释主义，它是质性研究的组成部分。然后，一些研究者同意解释论是质性研究的基础。Howe（1992）持有相似的观点，即以社会现实和人的生命体验为中心的解释方法是质性研究的根源。然而，其他一些人反对。他们认为质性研究通常与解释主义相关联，存在替代其他质性研究方法的范式，有实证主义、后实证主义、现代主义和批判理论。例如，Howe 和其他支持这一立场的人可以提出一个合理的论点，即实证。解释主义分裂过度简化了范式辩论，而质性范式实际上支持实证主义。总之，它们之间的哲学区别已经变得如此模糊，以至于研究人员认为两者之间仅仅是技术上的差异。

（四）本体论与认识论

对知识的追求通常被视为哲学取向，这要求研究者从哲学角度进行解释。许多哲学流派持有不同的观点，指导着研究者的行动，本部分侧重于本体论和认识论。

第一，本体论——对存在的研究。

可以定义为对现实概念的研究，是对存在、变化或现实的性质以及存在的基本范畴及其关系的哲学研究。

第二，认识论——对知识和信仰的研究。

一般来说，一种看待世界的方式被称为"范式"。"研究范式"是一种"思想流派"或"思考框架"，关于如何进行研究以确定真理，即不同的研究范式，被视为总结或主导社会科学方法的模型，并且在哲学假设和目标上有所不同。然而，出于实际目的，各种研究范式通常可以简化为两种：

一是"传统"研究范式，本质上是定量的。

二是"解释主义"研究范式，本质上是质性的。质性是基于质量或主观属性的信息。这是为了深入了解原因、动机和经验。

然而，也有研究者阐述了解释研究的性质和目的与实证研究的不同之处。关于两者的争论被讨论为认为解释主义是对实证主义方法的客观主义和过度合理化的回应。此外，实证主义者更倾向于使用一种将统计推断的逻辑与定性工作相适应的方法，而解释主义者则对研究地点进行详细描述，也可称缜密叙述（Thick descriptions）。所有这些都表明，解释主义和实证主义是不同的范式。实证主义在历史上一直占据主导地位，但近年来，解释主义在现象学、社会学和人类学等不同学科的发展中变得更加重要。在外语教学实践中，选择正确的标准是必要的，即使是为了决策，确定两者的必要性也更具有说服力。

本体论（Ontology）和认识论（Epistemology）在许多方面都有区别，本体论质疑存在或存在的本质。感知是一个认知过程，它将信息从世界传递到大脑。然而，关于感知这个问题涉及经验的作用。是否存在一个独立于心灵的真实的外部现实，或者它是由心灵内在化和塑造的观察者对他所感知的事物的解释。解释学（艺术）的支持者或解释科学声称，客观真理的概念是一种幻觉。

形而上学的主观主义者认为,事实上,知觉是现实的唯一创造者。认识论指知识本身的性质以及询问者与已知者之间的关系。这是知识是否是一组无价值的真理、超越观点或价值有关的问题;知识是否是通过经验主观地构建和逐步理解的问题。

认识论问题包括:什么是知识?它是如何获得的?什么是真理?为什么事物的存在和运作方式代表了不同形式的知识体系?

(五)从文本到主题

为了考察质性研究对外语教学的贡献,笔者将引用三位中国学者发表在国际期刊上的研究文章,并且对这三篇文章理论性质是否属于质性研究进行了仔细的调查。本节还展示了质性分析为什么比较适合揭示与外语教学相关的问题。

第一篇:Chen Q, Kettle M, Klenowski V, et al.

Interpretations of formative assessment in the teaching of English at two Chinese universities: A sociocultural perspective [J]. Assessment & Evaluation in Higher Education, 2013, 38 (7): 831-846. (从社会文化的角度解读中国两所大学英语教学中的形成性评价《高等教育评估与评价》2013,38(7),831-846.)[1]

第二篇:Jackie Xiu Yan, Elaine Kolker Horwitz

Learners' perceptions of how anxiety interacts with personal and instructional factors to influence their achievement in English: A qualitative analysis of EFL learners in China Language learning 58 (1), 151-183,

---

[1] CHEN Q, KETTLE M, KLENOWSKI V, et al. Interpretations of formative assessment in the teaching of English at two chinese universities: a sociocultural perspective [J]. Assessment & Evaluation in Higher Education, 2013, 38 (07): 831-846.

2008. (学习者对焦虑如何与个人和教学因素相互作用影响英语成绩的看法——对中国英语学习者的定性分析《语言学习》，2008，58（1）：151-183.)①

第三篇：Xi Fang，Paul Garland

Teacher orientations to ELT curriculum reform：An ethnographic study in a chinese secondary school The Asia-Pacific Education Researcher 23（2），311-319，2014. (教师对英语教学课程改革的定位：中国一所中学的民族志研究《亚太教育研究》，2014，23（2）：311-319.)②

经过比较和分析，我们可以得到以下几个方面的观点。

第一，就研究目的而言，它们都考虑到了有助于或阻碍外语教学的因素：第一篇文章试图比较和分析两所中国大学如何实施形成性评估。形成性评估的许多关键原则是从西方语境中衍生出来的，并运用于大学英语教学社会文化视角。第二篇文章旨在探讨焦虑对英语学习者成绩的影响。它还可以从学习者的感知中具体说明焦虑和其他变量如何与语言学习相互作用。第三篇文章旨在考察教师对新英语课程的取向以及影响他们取向和实践的因素，并提出了一些促进新课程实施的问题。

第二，这三篇文章所使用的方法都是质性的：第一篇文章采用了案例研究方法，深入探索解决两个研究问题（Yin，1984）：（1）中国

---

① YAN J, HORWITZ E K. Learners' perceptions of how anxiety interacts with personal and instructional factors to influence their achievement in English: a qualitative analysis of EFL learners in China ［J］. Language learning, 2008, 58（01）: 151-183.

② FANG X, GARLAND P. Teacher orientations to ELT curriculum reform: an ethnographic study in a Chinese secondary school ［J］. The Asia-Pacific Education Researcher, 2014, 23: 311-319.

两所大学的大学英语政策如何解释形成性评估；（2）教师在实践中如何理解和采用形成性评价？针对这两个问题生成了两个主要数据集，以解决这两所大学针对政府政策的本地化响应问题。每个大学的不同社会文化条件包括地理位置、社会经济地位、教师和学生角色、对英语的期望和信念。

第三，为了实现基于参与者在特定学习环境中对焦虑水平的感知的模型，扎根理论似乎是理想的。研究者设计了分三个阶段的扎根理论分析（GTA），采用半结构化访谈和录音的方式来回答研究问题。通过三个步骤分析收集的数据，每个步骤都是重要的组成部分：主题分析、变量生成和关系图分析。它们都有共同的质性数据收集工具，采用观察、访谈、问卷调查、口头报告和日记研究以及话语分析，进行为期15个月的人种学研究。

很明显，这三篇文章的研究人员与参与者保持了良好的关系，并进行了直接互动。而且，所有研究人员都用文字而不是数字来解释和分析数据。同样地，对他们来说，质性数据不如定量数据大。第一篇采访9名教师，第二篇为21名本科生，第三篇为7名教师。以此对两所大学英语教学中的形成性评价进行解释。

第一篇文章中的作者通过观察中国两所大学的课堂评估实践提出了他的发现。

第二篇，观察和探索21名高、中、低焦虑水平的参与者在非西方语境中的学习体验。

第三篇，基于从15个月的民族志研究中获得的观点，讨论了一些当地人和教师亲身经历的常见问题。

这三篇文章也可以被视为现象学研究，重点是解释人类经验。

此外，研究人员在这三篇文章中解释了参与者的教学和学习经验，发现了一个事实，即延续性的历史和文化的影响要求改革中国的英语教育传统。举例来说，第一篇文章的特点在于发现形成性评估的本地化解释（包括强调过程和学生参与）的一致性，即发现中国背景下的社会文化条件如何调解和适应西方原则。研究结果表明，在中国大学英语课堂上，形成性评价在解释、改编和实施过程中存在着与社会文化传统观念的紧张关系，因此，在形成性评价的概念化方面面临着挑战。第二篇文章研究证实了关于焦虑对语言成绩负面影响的研究结果，通过调查，拓宽了我们在不同语境下焦虑与个人和社会文化因素之间相互关系的视角，为进一步研究指明了新的方向。第三篇文章研究了教师的取向、地方经验和个人经验，以及它们如何影响新课程的实施，以促进英语综合使用能力。

二、调查结果摘要

就上述论点而言，国内期刊文章都有研究结果证明，质性研究比起其他任何研究范式对外语教学更有贡献。我们之所以选择将重点放在质性上，有以下两点原因。第一，质性研究能够解释——与量性研究的类型和重点不同。一些评论员将其定义为"描述性"，以此区分质性研究与量性研究，后者被视为提供解释。第二，英语教学中的许多实验研究被用作为仅限于回答有关课程效度的问题。即使是精心设计的大规模量性数据，也只能提供课程探究的起点。Duff（2007）指出，在课堂上进行的质性研究通常侧重于与课堂活动相关的教学行为、互动和教学结果。量性研究对英语教学领域的贡献不如质性研究那么有效和广泛。具体的研究问题应针对研究的全方面。在撰写量化研究问题或假设时，有必要明确独立和因变量，关注它们之间的关系。当编写研究的问题，有必要指出要探讨的中心问题。

例如：（1）中国大学英语学习者的学习风格分布特征是怎样的？（量性研究方法）

（2）学习风格如何影响大学阶段中国的英语学习者学习策略的使用？（质性研究方法）

（3）高中学生在学习策略部署方面存在哪些差异？（混合研究方法）

学者文秋芳曾经对英语专业72名大学生的深层动机和表层动机进行了纵向研究。表层动机表示与学生的前途直接相关，动力来自外部的动机，如考研究生、出国和获得学位。深层动机则表示与学习者个人的前途和经济利益无直接的关系动力，来自内部的动机，如对英语语言或文化本身的兴趣。[①] 该研究数据的收集先后分三次进行，第一次是在学生刚入学时（1996），第二次是入学一年后（1997），第三次是入学两年后（1998），三次使用的是相同的量表。研究者将原始变量用 SPSS 的 compute 功能合并成了6个变量，用重复测量方差分析方法对这些数据进行处理，以检验三个不同时期不同类型的动机是否发生了变化。

近年来，大规模外语写作测试中采用的评分标准引起了普遍关注，很多研究者一致认为评分标准代表了写作测试实际测量的构念。鉴于此，邹绍艳以大学英语四级写作测试（简称 CET-4 写作测试）

---

① 文秋芳. 从全国英语专业四级口试看口语教学［J］. 外语界，2001（04）：24-28.

为例，在理论回顾和文献分析的基础上，初步归纳出可能适用于CET-4写作测试的评分标准，然后采用混合研究方法，借助问卷和访谈调查了评分员对这些评分标准的意见。研究结果表明：除了"任务的完成度"这项评分标准之外，其余九项评分标准在CET-4写作测试的评分中都比较有效，而且这些评分标准也基本包含在CET-4写作测试目前的构念框架中，说明这些评分标准符合CET-4写作测试的理论构念要求。本研究从理论上和方法上对于界定大规模外语写作测试的构念，以及检验评分量表的效度都具有一定的启示意义。

三、结论

本研究旨在验证质性研究在外语教学中的作用。现在我们可以有把握地得出结论，该研究可以在许多方面为外语教学做出贡献。除了用来提供对现象的丰富描述，产生更深层次的思考，还通过提出更多的探究性问题来保护研究人员不受公认规范的约束。该方法也可用于通过使用替代理论方法来检验理论以及调查现象，并提供关于理论及其相互作用的特别的见解。从这个意义上讲，在质性研究中，观察者将开展具有广度和深度的调查。针对教师缺乏自信、课堂管理困难、受交际语言教学方法等诸多因素的制约，在本节的最后，笔者对中国的英语教学也提出了一些建议：英语作为小学必修课，交际教学和任务型教学作为各年级教育课程改革的一部分，要求中国研究人员有效地探索学习者如何获得语言技能以及教师如何实现期望的目标。

本章主要介绍社会学的质性研究方法，主要分为质性研究的起源和质性研究的主要研究方法两个部分。在质性研究方法中，主要介绍常用的五种研究方法，分别是：现象学（phenomenology）、民族志（ethnography）、个案研究（case study）、行动研究（action research），叙事探究（narrative inquiry）以及它们在外语教学领域的应用。

第二节　社会学的质性研究方法——现象学

现象学（phenomenology）的研究方法起源于哲学家埃德蒙·胡塞尔（Edmund Husserl），他所用的德语"Lebenswelt"[①]，在英文中为 life-world，指个体"直接体验的世界"。因此，现象学的研究方法指的是描述一个或多个个体对一个现象的意识和体验。现象学的目的是为了了解研究对象的研究生活，从理解他们"经历过的体验"从而建构起来个人意义。

根据胡塞尔所言，现象学的研究动力"不是来自各种哲学，而是来自事实和问题"，现象学的目的"不是向上建筑，而是一再地向下挖掘，以给既有洞见奠定比以往更加坚实的基础"。现象学"带着属于真正哲学科学之本质的极端态度，不接受任何现有的东西，不承认任何传统的东西为开端，而是在对问题本身及其产生的要求的自由献身中获取开端"。因此，现象学的研究方法是坚持"无前提性"的，并且借助体验者所处的环境来探寻知识与行动的根源。维

---

① 胡塞尔. 欧洲科学的危机与超越论的现象学 [M]. 王炳文, 译. 北京：商务印书馆, 2001: 11.

尔坎特（Vierkandt）在《社会学：哲学社会学的主要问题》一书中进一步明确现象学方法在社会学领域中的应用。他把社会学视为对社会现象进行彻底的形式研究，即社会学研究要以现象学方法直观地把握社会互动和社会群体生活中的"本质类型""终极事实"以及"整体意义"，通过对社会现象的本质进行分析归纳，从而对群体内的社会生活方式进行总体上的把握。

从现象学在社会学领域中的运用来看，学者罗朝明[①]主要将其分为以下三种：其一是通过社会哲学的探析或哲学思辨将社会现象结构上归纳为一种"明晰的""一般的"，如舍多·里特（Theodor Litt）对个人、共同体和伦理基础的探究；其二是以现象学作为方法论的研究视角来挖掘现象学理念下的社会学意义，如阿尔弗雷德·菲尔坎特（Alfred Vierkandt）的研究和考夫曼关于日常生活的行为互动研究等；其三是"把对诸问题的现象学式提问方法运用到对人类社会，尤其是人类社会行为的研究之中"，如舍勒（M. Scheler）和舒茨（Schutz）等人的研究。

第三节　社会学的质性研究方法——民族志

关于民族志，我们有以下问题：

1. 民族志是什么？
2. 指导民族志研究的主要原则是什么？

---

① 罗朝明. 现象学社会学的生命历程[J]. 社会杂志，2019，39（04）：153-185.

3. 为什么语境对民族志研究很重要？

4. 为什么文化是民族志不可或缺的一部分？

5. 研究的主题或问题是什么？给出一个你想用民族志研究的话题或问题的方法。

6. 研究的是什么文化群体？如何选择参与者？

7. 收集了哪些类型的数据？

（1）有哪些方法可以帮助保持收集的数据有条理？

（2）什么网站可以为你提供有用的数据？

（3）收集什么类型的数据可能是有用的研究？

（4）你能否预测到收集数据时可能遇到哪些问题？你将如何克服这些问题？

民族志（Ethnography），又称人种志，大概是最典型的解释性研究方法。在古希腊时代，该词用 ethnos 主要是一个与"人民"（people）或"城市"（city）的名称相对应的"族体"（nationality）的称谓，是古希腊城邦国家的产物。而 graphy 为绘图、画像，所以，Ethnography 的意涵便是"人类画像"，并且是一种同一族群当中人们"方向或生活"的画像。民族志是一种研究方法，它关注"人们在自然发生、持续的环境中的行为，并关注对行为的文化解释"（Watson-Gegeo，1988）。[①] 民族志可以在人类学和跨文化研究中找到根源。20 世纪上半叶，人类学家首先发明了地理学，逐渐被其他人文社会领域如人类学、民族学、社会学、社会人类学所替代。考虑到民族志可以采取的不同形式，给这个术语下精确的定义不是一

---

① WATSON G K. Ethnography in ESL: defining the essentials [J]. TESOL quarterly, 1988, 22 (04): 575-592.

件容易的事。然而，在应用语言学领域，一个经常被引用的定义是："人类学的一种研究方法和写作文本，是基于实地调查、建立在人群中第一手观察和参与之上的关于文化的描述。""科学人类学的民族志"即"现代民族志"方法可被看成主要由三大要素组成：其一为作为研究者/作者的专业人员，即人类学学者；其二为以参与观察为主要内容的田野调查的实地研究方法；其三为对研究对象进行整体性描述的文本写作方法。

质性研究方法，尤其是民族志，越来越多出现在教育和其他领域，包括护理和健康研究、商业和工作组织、科学技术、人文地理学、社会心理学、文化和医学研究。民族志学研究的最大优势是它能提供对特定文化的详细而深刻的理解。民族志学者的主要目的是对一个群体足够了解，并描述属于这种文化的人们是如何生活的。他们通过实地考察来实现这一目的。此外，由于民族志研究一般都是在目标社区内进行的，因此可以记录行为的发生真实性。在民族志研究中，收集数据最常用的方法是参与观察（公开性参与式和隐蔽性参与式）、访谈（通常是转录和总结）、文件分析等，文件包括会议记录、课表、日记、书信等，其他可用照片、录音（影）带，以及记录参与者的语言、交谈、行动和姿态等。

民族志研究是流动和灵活的，"研究问题是动态和可以修订的，并不断更新和完善"。它能提供对某一特定文化的详细而深刻的理解。其他的研究方法很少能让研究人员如此深入地了解一种文化。

其他类型的研究通常以传统的书面形式呈现，但民族志可能接触到广泛的受众以许多不同的方式呈现，民族志需要很长时间的投入，包括叙事、小说、戏剧和纪录片，以及传统的研究文章，篇幅相当长，包括非常详细的描述。民族志也可以表现为小说、舞蹈作品、电影，等等。因为在我们的领域，实践工作者多于学者或研究人员。所以，民族志有可能对教师在课堂上的行为决策产生更大的实际影响。

民族志研究允许研究人员探索人们如何创造、维持、改变和传递他们共同的价值观、信仰和行为——本质上是他们的文化。它采用了一种解释性的方法，研究主题必须相当广泛，因为研究人员通常在"社会问题或行为未能被清楚理解"时选择民族志方法（Angrosino 2007）[①]。民族志学家的目标是发展对人们特定文化群体的理解，并向该文化群体之外的人解释这些。许多民族志著作都有阐明不同文化的多样性。

比如，传播民族志更广泛地关注学校和社区，20世纪60年代的民权运动和取消种族隔离为弱势学生和学校的人种学研究提供了越来越多的动力。在语言学习和教学领域新的关注重点是民族语言和少数民族学生。早期教育民族志工作的一个主要方向是记录北美语言少数民族社区的儿童语言社会化和文化传播。Health（1983）对美国东南部一个黑人工人阶级社区和一个白人文化社区展开研究。在长达10年的时间里，她通过研究孩子们如何学习通过语言交际，揭示了因为学校的规范建立在白人文化的基础上，学校语言社会化如何使黑人儿童处于不利地位。她投入大量的精力观察他们的日常生活细节，听他们的故事，参加他们的文化实践。她从广泛的社会文化和政治的角度分析数据。也许是人种学研究的最大优势，以及

---

① ANGROSINO M. Doing ethnographic and observational research [M]. Publicatious, 2007: 26.

它的设定。Fetterman（1989：46）认为，"与人们日复一日地长期合作是民族志研究的有效性和生命力所在"①。

通过方法组合收集和比较不同数据源的过程被称为"三角测量"，它被用于测试信息的质量。例如，在访谈中，教师可能会强调英语交际教学的重要性，从课堂观察的现场笔记也可能显示交际活动的常规使用，因此研究人员可能会得出结论，教学生用英语交流是教师的主要目标。然而，当检查期末考试时，研究人员发现它关注的是学生的语法知识，而不是他们的交际能力。这种通过三角测量揭示的差异可以引导研究者检查为什么教师教授的内容和他们测试的内容之间有差异，从而引导研究者获得重要的新发现。

纵向研究（longitudinal study）也叫追踪研究，是指在一段相对长的时间内收集有关研究目标的信息（包括人、家庭、机构、国家）。它将产生关于随时间变化的纵向信息（例如，关注一个人的生活经历的访谈），也可能有一系列深入访谈，持续数周或数月，针对受访者的感知和对其社会环境的解读。纵向研究包括（1）收集两个或多个不同时间段的数据；（2）从一个时期到下一个时期，所分析的受试者相同或具有可比性（即来自同一人群）；（3）分析涉及对不同时期的数据进行一些比较。任何真正的纵向设计都允许测量"从一个周期到另一个周期的变量"的差异或变化。纵向研究有两个主要目的：描述变化模式和解释因果关系。尽管这两个目标是相互关联的，但它们并不总是一致的。虽然纵向研究在我们的领域中没有得到充分利用，但它在社会科学的其他一些学科中已经相当成熟。

---

① FETTERMAN D M. Applied social research methods series [M]. Ethnography, 1989: 46.

例如，在经济学中，纵向数据的使用对于检查经济变化的各方面（例如，通货膨胀率或国内生产总值指数的变化）至关重要，并且相关的经济信息会非常频繁和定期地收集。在许多国家，还有几项正在进行的大规模"家庭调查"，记录了具有全国代表性的样本中社会行为模式的变化，通常每年一次。

第四节　社会学的质性研究方法——行动研究

对于行动研究，我们可能有以下问题。

1. 行动研究这个词对你来说意味着什么？
2. 请列出一些你可能听说过的行动研究的例子。
3. 在你的教学地点探讨与教学相关的变化、改进、困惑或困境时，你（和你的同事）会对哪类话题感兴趣？
4. 做行动研究对教师有什么好处？
5. 教师展开课堂调查将面临什么样的挑战？

行动研究是指在自然、真实的教育环境中，教育实际工作者按照一定的操作程序，综合运用多种研究方法与技术，以解决教育实际问题为首要目标的一种研究模式。行动研究经常吸引教师，因为它是反思性教学相关的活动之一，包括计划、行动、观察和反思的过程。同时，行动研究积极鼓励与可能面临相同教学困境的同事进行对话，并与他人分享他们的想法。对许多教师来说，行动研究提供了更直接适用于他们课堂的专业见解，而不是外部的研讨会或课程，倡导自上而下的特定教学方法。行动研究赋予教师权力，使他们成为知识的"代理人"而不是"接受者"。教师们经常报告，通过更深入的调查，改善了与学生和其他同事的工作关系，他们的方法（再次）被肯定，获得极大的个人满足感。

在语言教育中一种越来越重要的研究形式是行动研究。该研究有许多不同的定义。例如，行动研究的三个决定性特征是：第一，行动研究是由实践者（在研究中体现为课堂教师）而不是外部研究者进行的；第二，它是协作的；第三，它的目的是改变事物本质。顾名思义，行动研究是一种既包括行动又包括研究的方法。这可能令人费解，因为它包含了两个截然不同的概念——行动和研究。行动研究通常是在自己的工作环境（教室、学校或机构）中识别和探索一个问题、困境——在这里应该提到，行动研究并不只用于教育环境。这种行动通常涉及有意的实际变化或"干预"，以改善实际情况。

例如，在课堂上：

（1）学生和他们的学习策略。

（2）与现有课程和课程创新的互动。

（3）教师专业知识的概念以及它们与日常实践的联系。

（4）您的教学设计和教学实践的改变（我的课堂上，如何平衡以学生为中心和以教师为中心？）。

行动研究中的研究涉及一种收集信息或数据的系统方法，通常使用与质性研究相关的方法。在这方面，行动研究不同于大多数教师对其工作的短暂反思或直觉想法。当你进行行动研究时，它可能包括在你自己的课堂上研究一个特定的问题，也可能包括与在同一社会和教育背景下的其他人合作，管理员、其他教师、学生，甚至学生的家人。行动研究的目的可以是影响单个教师的教学，也可以产生更广泛的社会和政治影响，影响整个机构或系统的变化方式。综上所述，行动研究的主要目的是发现更多关于你所在地区的情况以便改变或改进当前的实践。因此，行动研究可以与其他类型的研究相对照，这些研究的目的是假设、描述、分析、解释、理论和概括，而不是在研究背景下对具体的教学实践做出直接的改变。行动研究的模型和定义有很多，但最为人熟知的是：行动研究只是参与者进行的一种自我反思的探究形式，目的是提高他们自己实践的合理性和真实性，提高他们对这些实践以及实践所处的情况的理解。[1]除了反思和实践方面，该定义还纳入了一些行动研究版本中突出的社会文化、政治和批判维度。Kemmis，McTaggart（1986）将自我行动研究周期的基本阶段描述为计划、行动、观察和反思。[2]

不同的研究人员可能在教育环境中有不同的参与形式：大学教师或个体、群体研究人员等；教师与研究者合作；教师与管理员、学生、家长或其他社区成员合作。本书更关注的是作为研究者的教师。事实上，只有通过体验式学习和任务重复，才真正有可能成为更具挑战性的团队或有效的实践者。语言教学之外，外语教师面临的第二语言习得、翻译、口译认知、传播、语言加工、儿童第二语言习得研究不同的获取路径等领域的核心议题也可以采用质性研究。

---

[1] CARR W, KEMMIS S. Becoming critical: education knowledge and action research [M]. London: Routledge, 1986: 162.
[2] KEMMIS S, MCTAGGART R. The action research planner [M]. Victoria: Deakin University, 1988: 11-14.

案例：

一位老师提出以下问题：他现在的学生课堂课下对所学课程没有积极性，怎么办？

第一步：初步调查。通过观察和记录课堂互动来收集数据。

第二步：回顾初始数据后提出假设，假设学生没有动机，因为课堂内容没有满足学生的需求和兴趣。

第三步：干预。让学习者提出课程要求，呈现他们的真实状态与诉求：如英语交际能力一般，需要循序渐进提高，他们提出想进行口语交际能力的培训，符合他们的真实情况，也呈现他们的学习意愿，从这里入手，培养他们的学习热情。

第四步：交际培训开始后，随着学生能力的提高，得以消除其畏难心理，鼓励其朝专业英语的方向前进。这样既提高了他们的学习热情与能力，也为教学可持续发展构建基础。设计一些课堂反转策略，鼓励学生将课程内容与自己的背景和兴趣联系起来。

第五步：评估。几周后，学生的参与度得到提高，他们的语言和学生主导的互动的复杂性也得到了增强。

第六步：邀请该教师为同事举办研讨会，并在语言会议上发表论文。

第七步：跟进教师调查激励学生的其他方法。

第七步：落实行动研究项目。

这里有一些关于撰写项目方案的建议。

1. 标题——使用吸引人的标题来吸引你的读者。

2. 背景

——说明你为什么对这个话题感兴趣？

——说明你为什么选择参与这项研究?

3. 你是如何进行研究的

——描述学生（语言水平、语言背景等）。

——描述一下你进行研究的方法/教学活动。

4. 你的观察

——说明你的教学方法如何影响学生?

5. 结论

——就你所做的工作的有效性做一个大致的陈述。

——展示你的研究将（或已经）提供信息的方式。

——通过教学实践为其他教师提供建议。

6. 参考文献

——在简历中包含你所引用过的任何出版物的完整参考（提供作者、日期、标题、出版地点、出版商、页码）。

第五节 社会学的质性研究方法——个案研究

对于"个案研究"，我们有以下几方面的问题。

1. 如何定义"个案研究"?

2. 为什么个案研究在教育中得到如此广泛的应用?

3. 应用语言学中的哪些问题可以通过个案研究加以探讨学习?

4. 个案研究的数据收集方法是什么?

5. 我们可以从个案研究比较案例中学到什么?

个案研究是一种实证方法，是质性调查最常见的形式之一。旨在调查当代现象的背景，详细调查个人或群体（社区或机构）提供对案例的深入理解。对特定案例或一组案例的研究，可能依赖于一些基于现场的数据，旨在描述或解释案例的事件，了解存在于特定自然环境中社会现象的研究策略。其目的可能是通过一个详细的例子提供描述，或者生成或者测试特定的理论。个案旨在获得一个场景中所涉及事件的详细、丰富和生动的描述，提供与相关事件的时间顺序叙述，将事件描述与分析相结合，重点关注单个参与者或参与者群体，并试图了解他们对事件的看法。数据收集的方法，包括访谈、观察、现场记录、音频或视频记录，通常会持续较长时间。

个案研究对某一个体深入研究考察，可能会得到影响总体发展的重大发现。瑞士教育家皮亚杰通过对自己孩子观察、访谈、实验的个案研究，创立了皮亚杰儿童认知发展理论，这一理论对研究儿童总体发展具有普遍意义。

20世纪60年代以前，量化设计一度主导了教育学研究。它一度被认为是最严格的"科学"，因而也是最可靠的方法。而几十年来，质性个案研究出现在诸多学科中。人类学家设计了个案研究来观察社会和20世纪初的文化，依靠访谈、观察、公开私人文件中的信息，借鉴了主要文件、记录和第一手账目等来源，将注意力转向特定实例。心理学个案研究侧重于个体来理解人类行为，而社会学案例研究集中在人口统计、社会关系和个人在社会中扮演的角色。

个案研究可以是探索性的、描述性的或解释性的。它们可以证实或否定先前的发现，这在理论上起着非常重要的作用。今天，二语习得和二语教育的大量个案研究反映了社会学和人文学科的发展，重点是关于家庭或社区，作为具有独特语言生态和社会动态的案例，检验单个个体的语言或认知表现倾向。

个案研究是一种潜在、强大且相当实用的调查和研究形式理论。第二语言习得研究重点是一小部分研究参与者——通常是语言学习者或教师，涉及单个人（重点参与者或单个案例）的行为，在一段较长的时间内对知识或观点进行仔细的研究和集中的分析（例如，关于语言习得、焦虑、互动、动机、身份情感或其他应用语言学的主题），及时地解决问题。主要学术领域期刊的语言学和语言教学如《TESOL季刊》《语言学习》《应用语言学》的目录，也揭示了近年来应用语言学个案研究与英语对外教学研究的稳定趋势。这一趋势是传统的定量方法无法胜任的。

个案研究不仅涉及一种数据，还涉及一种研究设计以及书面报告。然而，个案研究和其他类型的质性研究的设计不是固定的，随着研究的展开，形势往往会发生变化。如果正在进行纵向研究，参与者搬到其他城市或国家，则可能需要继续进行不同数据的收集。在不同的时间间隔，通过Skype或电子邮件，通过自行录制的数字音频文件或新的本地参与者收集数据。个案研究的最大优势在于灵活且操作简单，以非常容易、具体、即时的方式处理过程或情况。个案研究在其范围和分析中寻求深度而非广度。它的目标不是普遍化，而是具体化，然后产生具有更广泛相关性和理论意义的见解。

从研究目的的角度，可以将个案研究分为三种类型：探索性个案、证伪性个案和外推性个案研究。从个案数量的角度，还可以将个案研究分为单一和多重个案研究。

按照研究内容可分为：

（1）诊断性个案研究。这类研究主要用于考察特殊儿童，研究异常行为和患有生理疾病者等，目的在于对研究对象的问题现状做出判断。

（2）指导性个案研究。这类研究广泛用于教育领域，如用新的教学方法或新的教育方案尝试，然后将研究成果推广到普遍的教育实践中去。

（3）探索性个案研究。这类研究常用于大型研究的准备阶段，以便为大规模研究做好规划。

一些经典的语言习得个案研究如下：

（1）Hakuta（1976）研究了Uguisu的英语习得，Uguisu是一位来自日本的访问学者的5岁女儿。在Uguisu接触英语5个月后，研究者收集了为期60周的数据。研究报告称，Uguisu四个语法特征尚未获得，分别是第三人称、不规则过去时、过去时和复数变化。

（2）Mu和Carrington（2007）调查了澳大利亚一所高等教育机构的三名中国研究生的写作策略。这项研究是由中国学生在真实语境中缺乏第二语言写作策略引起的。数据收集自半结构式访谈、问卷调查、写作后回顾性讨论和论文草稿分析。研究结果表明，三位参与者在写作实践中使用了修辞策略、元认知策略、认知策略和社会情感策略。本研究支持第二语言写作过程与第一语言写作过程在策略、修辞、语言等方面不同的理论。

（3）Soproni（2008）通过七名经验丰富的语言学习者的经历调查了其对语言教师个人发展的看法，这些语言学习者已经学习英语和其他语言多年,或者曾经有过很多语言教师。通过网络非结构化采访进行数据收集。研究结果表明,语言教师需要终身学习,并适应学生的需要。根据经验丰富的语言学习者的说法,要想成功地成为一名语言教师,就必须有新的动机和动力。

(4) Katz(2007)研究了青少年早期和成年早期双语自我认知的变化。这项研究考察了同卵双胞胎女孩和她们的哥哥,这三个孩子双语自我认知的变化。数据收集时间为13年,从青春期早期到成年早期。这项研究部分是从群体社会化(心理学)和语言的角度进行的社会化(语言人类学)和身份建构,调查了孩子们对双语的态度随着时间的推移而摇摆不定。这是一项更大规模的儿童早期双语/多种语言研究的一部分。研究问题:如何解决三名加拿大裔美国儿童的法语/英语双语身份从青春期早期到成年早期的变化问题?可能有哪些影响因素?为什么会有变化?研究人员向这些孩子们发放第二语言自我报告以及双语/双文化能力测试问卷多次,跨越13年。然后,生成配对抽样t检验和相关性。作者通过人种学实地记录,对儿童采访,根据定量分析统计工具能力等级和定量分析偏好的衡量标准,用于帮助解释结果。

有关儿童和家庭生活的生活史和语言生态的数据分析,反映了美国和加拿大的教育情况。民族志研究包括对家庭语言实践及其演变的描述,这基于参与者观察、录音和访谈。个案研究全面和详细地观察行为、知识。通过研究少量的课题,个人与当地社会、文化和环境之间的动态互动,观察语言环境。还包括检查语言子系统内部或之间的交互作用(如跨音韵学、形态学和句法),在不同的任务环境中观察个案的变化。

<<< 第二章　质性研究方法：理论、设计与调查手段

一、第二语言习得个案研究：历史视角

第二语言习得和其他应用语言学领域的大多数案例研究都是质性的，尽管它们可能代表不同的认识论和本体论方法。也就是说，他们可能是实证主义者，测试假设或寻找因果关系并寻求目标第二语言习得本质的真实性。试图了解学习者的经验、能力和表现，或他们对这些经历的感知，以及通过叙述或对话对其进行重构。或者可能从更广的角度审视有关学习者与权力、压迫和歧视的社会问题。第二语言习得个案研究，在传统上，考察了影响人们学习的因素。一些个案研究是量性的，旨在寻找这种因果关系或以其他方式量化的关系或模式。例如，在统计学意义上试图发现显著性差异，并可能采用实验设计来展开测试，单案例间序列实验就是这样一种方法。其中个案在测试之前生成自己的数据（语言行为的典型模式），进行某种干预（关于特定语法的指导），然后记录干预的效果，并与同一人在干预前确定的发展趋势对比表明，干预或实验在很大程度上是无效的。

第二语言习得和第二语言教育的独立案例研究正在进行中，倾向于解释主义而非实证主义。在混合方法研究中，如调查与案例研究相结合，可能会对调查进行数据量化（问卷）再进行更深入、个性化、定性的描述通过选择几个案例来更具体地说明现象。

第二语言习得第一批研究在 20 世纪 70 年代中后期到 80 年代出现，研究聚焦了双语学习者的发展情况，例如，双语家庭中的儿童或跨各种环境（如学校）的第二语言学习者。重点关注的是这些学习者习得或使用特定的第二语言表达特定含义的形式（语法或非语

法），或者是建立起来的话语结构或话语语法。调查的人群是多种多样的，欧洲地区的研究通常主要涉及男性移民工人，如从摩洛哥迁往国外的人口，从德国或葡萄牙来到丹麦的工人。其他地区研究集中于青少年和成年男女移民，或留学生在不同技能领域使用的考试策略。另外，研究还考察了学习者如何获得适当的语用能力进行发展，如表示礼貌的方式，包括抱怨、道歉或其他言语行为请求。研究还探讨了在认知、心理和神经生物学方面优秀语言学习者的特征。学习成绩差的学生中，有些人的第二语言中已经出现语法上或语音的"僵化"（停止发展）。

20世纪90年代，第二语言习得第一批的个案研究开始研究社会和文化因素，特别是情感因素，较少借鉴语言学、社会心理学、社会学的知识。更多的研究围绕被试者包括移民妇女在进入劳动力市场或获得有效语言时遇到的困难，如权力和歧视，随着人们离开母语环境，母语能力逐渐丧失。由于语言迁移的影响，这些移民成功地学习了另一种后移民语境中的语言和主流文化。

在过去十年中，二语习得案例研究扩大了研究的范围，包括留学生的群体和背景，传统语言学习者、第二语言学习者，具备多年的语言学习经历和跨文化背景，使其具有更大的影响力。这些跨国学习者在不同的国家之间，需要协调其掌握的多种语言以及身份关系，这与全球化的发展紧密联系，也使得研究对象的语言文化背景变得更加复杂。

除了语言学习者、使用者之外，如今在二语习得研究中，认识论、方法论和语境化水平也在不断拓展和提升。二语习得的个案研究中的数据收集方法，不再围绕口语能力测试或其他高水平的测试。

而是采用结构化访谈或测试项目,旨在引出第二语言样本、语法性判断,或进行二语学习者的态度和动机的衡量。叙述研究,包括生活史访谈、回忆录、日记研究。认识论和方法论发生变化的原因,可能是社会语言学家、教育学家和应用语言学家减少了对语言理论或认知发展理论的关注,反而在个案研究中参与度越来越高,以早期的二语习得为基础,遵循所谓的社会或叙事倾向。这些研究人员较少对学习者的具体形态、语音或技术方面,口语、书面语或测试语言或语言的句法发展感兴趣,相反,他们更关心的是如何开展案例研究,了解学习者的发展路径。

最后,将质性案例研究与其他研究方法相结合,如学习效能或态度和学习动机的前测和后测相比,提供了获取语言和语言信息的二语习得的社会经验。Katz 对一个法语—英语双语家族进行长期研究,Kinginger(2008)研究了美国留学学生在法国一个学期的留学经历。两种混合研究方法案例研究,结合了对二语习得的语言的熟练程度和语言能力的传统关注,并更多地关注了更大社会政治或文化背景下的社会身份和社会心理取向。①

Kinginger 的语言学习个案研究,以社会文化理论为框架,分析全球化和当前全球化背景对第二语言的习得影响。该研究调查了 24 名美国大学的本科生在法国的留学期间的二语学习经验。招募了 24 名计划出国留学的学员,6 名被选为参与者(3 名高级,3 名处于初级到中级的过渡阶段)。问卷数据类型获得了学生先前的法语学习信息。定量数据包括标准化法语水平测试,通过角色扮演来获取语音

---

① KINGINGER C. Language learning in study abroad: case studies of Americans in France [J]. The Modern Language Journal, 2008, 92 (01): 1-124.

样本，通过访谈了解其对口语词的认识。质性数据收集自六份日志（每天使用法语和英语的小时数）、期刊阅读、口语练习、留学前后的访谈以及现场观察。质性数据包括测试前与测试后分数的描述性统计；非参数统计非正式称呼代词与正式称呼代词的使用；部分样本的 t 检验二语技能的留学前后测量（如阅读、听力，言语行为，语用能力等）。通过研究了解为什么选择出国留学，学习什么语言对他们来说有何意义等。

  出国留学是一个富有成效的外语交际能力的培养途径，大学里的学生的第二语言水平总体上有显著提高，其中存在相当大的个体差异。学生的语言学习倾向被证明是非常强大的，他们在国外获得练习第二语言的课外机会（如在寄宿家庭中生活）。基辛格这项研究的优势不仅在于每个案例的个性和背景（如居家环境类型、性别等），还有基于生活史的出国留学的复杂的当地条件、时事、民族主义意识形态。以及国外环境和学生的 SLA 经历和 L2 身份。进行个案研究是非常实用的，因为只有少数案例通常会涉及个人或团体，因此参与者更容易通过不同的招募方式参与。然而，将个案研究描述为"实用"并不意味着它比其他方法更容易进行或发布。第二语言学习者经常代表流动人口群体——移民，可能在一个地区工作或学习；可能父母短暂的就业需要迁移到另一个学区或城市；或者学习另一种语言来寻找在其他地区的工作或旅行机会。纵向研究难以有说服力地证明调查结果的代表性、普遍性和重要性。因此，研究人员必须仔细设计研究，并选择研究参与者、数据收集和分析方法，以对此进行验证。

二、如何开展个案研究设计

首先，个案研究必须以概念框架为指导，包括与正在进行的研究目标直接相关的"理论、信念和先前的研究结果"。因此，研究人员需要熟悉所研究的领域，二语习得当前的问题、争论和方法，近期相关研究以及理论框架。查阅最近发行的出版二语习得研究的期刊（如《语言学习》《第二语言习得》《应用语言学》《现代语言杂志》《TESOL 季刊》），查看其他已经发表了的案例研究。此外，查阅最近关于教育案例研究方法的教科书，熟悉不同的理论、认识论、本体论和方法论取向。

其次，根据个人的经验及研究的目的确定研究方向。无论是否对语言发展感兴趣，如二语时态/体系的发展或社会文化问题，学习者如何在习得中发挥他们的能动性等，研究人员需要找到一个全新的角度。可以检查学习的效果或关于第三语言的发展，例如，检验以前学过日语，现在学普通话；或者以前学习过德语，现在学习普通话的英语母语学习者如何学习。

个案选择时应当遵循"差异最大化"原则。钟柏昌、黄春国（2015）分析了国内 CSSCI（2012—2013）十大刊物的个案研究论文，发现单一个案研究占据大部分，只有 20 例论文采用了多重个案研究。然而，仔细考察这些论文样本，仅 45% 的论文在个案选择时遵循了"差异最大化"原则，其他论文在个案选择上则较随意，看不出个案之间的主要差异。例如，王陆（2004）选择了三位教师作为个案研究对象，在虚拟学习社区使用经验方面，分别代表了经验丰富的熟练型教师、有过一般经验的教师、完全没有使用经验的新手三种类型。相反,薛博(2005)对某大学网络学院9名信息技术教师进行了近200次访谈,进行60天的跟踪观察,共听课40余节,但对于9名教师的个案代表性特点没有做任何说明。

那么问题来了,该个案研究可以作为以后更大规模研究的试点吗?如果是混合研究方法的话,定量部分应该在前还是在后?在相对较短的一个时间段内进行横向还是纵向研究?被允许做多久的语言结构、态度或经历跟踪变化?收集和分析的方法有哪些?数据是否符合研究的目的、范围和时间表?作为研究人员专业知识和培训是否充足?准备采用三角测量,还是汇集不同类型或不同来源的数据(如访谈、书面数据、考试成绩和观察,或者计划只关注其中一项数据类型)?

在个案研究中,尤其重要的是考虑研究的参与者的种类和数量,以及选择的标准,因为它是小规模的试点研究,可以选择一名参与者(如按熟练程度、学习年限、性别等相关类别),但是对于一个更大规模的研究,可以招募多个参与者。另外,这个案例可能具有足够的代表性(或者说是独特性)。或是在某些其他类型的二语习得研究中,为了揭示二语习得的新可能性和见解,可以使用个案中的现有数据。如有需要,再由其他人进行新的分析研究。

总之,有几个参与者可以有更多的抽样选择,并呈现个案之间的相似性和差异。可以产生一套更丰富的经验或观察结果。抽样对象可能是在某些方面相似的被试人员,可以对个案取样或根据性别、熟练程度、对第二语言的态度或以前的语言学习经验,以及其他可能的变量进行分类。

三、个案数据收集和分析

本部分的重点是语言学习与教学研究中的个案研究。在方法学上，个案研究是一种混合研究，因为使用一系列方法收集和分析数据，而不是局限于单一方法。本部分将探讨与个案研究的相关的问题以及如何确定信度和效度。

究竟什么样的方法对解决研究问题是有效的、合适的？需要什么样的数据？如何观察参与者，持续多久？如何记录、转录和保存数据分析？如果计划采访参与者，模拟采访很重要，引出所寻求的结构或观点，同时要考采访将以何种语言进行？是受访者的母语还是第二外语？如果这项研究是纵向的，如何随时间的变化持续收集数据？

从这一描述来看，民族志和个案研究之间似乎没有什么明显的区别，事实上，一些研究人员似乎将此研究视为一种有限的民族志类型，在哲学、方法和关注语境中的现象方面类似于民族志。然而，尽管综合个案研究（如整个学区）可能与民族志无法区分，但对大多数研究而言，差异更为明显。首先，研究的范围通常比民族志更为有限。其次，在于研究的重点。民族志起源于人类学，本质上关注文化背景和文化解释以及正在调查的现象的描述（Wolcott，1972）。最后，个案研究可以使用质性领域方法，但也可以使用量性统计方法。它是一项在现实生活背景下调查的实证研究。当现象与语境之间的界限不明显时，就会使用多种证据来源。个案研究法是心理学研究的某些领域，如临床心理学，研究和治疗异常反社会行为的典型。但原则上，它可能涉及多个对象，也可能基于特定群体

(如教室内的群体动态)。

　　质性研究可以定义为对单个实体、现象或社会单位的综合、全面的描述和分析，具有特殊性、描述性和启发性，在处理多个数据源时依赖归纳推理。个案研究员通常观察个体单位的特征，如儿童、小团体、班级、学校或社区。这种观察的目的是深入探讨和分析构成该个体生命周期的各种现象的强度，对所属的更广泛人群进行总结（Cohen and Manion，1985）。

　　Denny（1978）对民族志、个案研究进行了区分，虽然民族志是对特定文化的完整描述，而个案研究检查了正在调查的文化或故事情节的一方面或特定方面。然而，个案研究与民族志有着某些共同的特点，两者都试图提供在特定环境中发生事情的概貌。此外，它们必须是对所描绘文化的客观描述，必须提供充分的数据，以便读者得出结论。

　　研究人员一旦确定了数据的收集方法，就应考虑如何最好地管理、组织、分析。数字软件为用户提供了许多优势数据的检索、组织和共享，以及转录、排序、编码和提供数据分析。具有多个参与者、多种形式的数据，需要使用复杂的质性数据分析软件来帮助管理数据，将各种形式的数据链接到同一个人或事件，并观察结果之间的关系（例如，事件指特定的语言结构、主题、模式）。学习有效地使用软件（如 NVivo、ATLAS.ti），最初需要一些时间，但为更大的研究投入值得一试。对只有一两个参与者的试点研究，更传统的数据转录方式通过简单的文字处理器进行手动或电子编码可能更有效。然而，在数据处理方面，计算机可以比人类更高效、更准确。

个案研究人员通常情况下寻求其他编码人员或分析师的帮助来计算，或解释证明其转录、编码的一致性、准确性或有效性。这样做有一定的价值，帮助检查数据的可靠性以及与主题相关的透明度、逻辑性或清晰性。在多个案研究中，通常首先对个别案例进行分析，然后对集合中出现的问题或主题进行跨个案分析，并讨论它们与之前回顾的文献之间的关系。此外，一些个案研究具有重点参与者（如4~6名），可以详细描述他们，并提供交叉案例中对这些参与者的分析。多个案研究对于个案的数量没有设定限制。但是，如果太多（如12~20例），若每一项都进行详细审查和介绍，那么研究的效度将会大大降低。因此，每项研究中有8个或更少个案更可取。例如，Kinginger对24名在法国留学的美国学生的研究中选定了6名重点参与者进行深入研究分析。

个案研究可以涉及各种数据收集和分析工具，其中最常见的数据收集策略包含语言学习叙述或书面叙述的访谈（如日志、日记或其他项目）。如何分析这些数据在很大程度上取决于研究的目的、研究者的偏好、理论和方法等。

四、课堂的中介作用

个案研究可以被描述为对单独案例的详细研究，旨在识别和描述现象。根据Merriam（1998）的观点，个案是一个实体，可以是个人或是更大的社会体系，如学校、社区。Stake（1995、1998）区分了三种类型的研究。第一类是内在个案，因为研究者是对一个具体的案例感兴趣，而不是对它的代表性感兴趣。例如，临床研究所选择的研究病例取决于其特异性。第二类是工具性研究，其目的在于积累知识和构建比所研究的具体案例更深入的理论，所以会选择一组现象的典型。第三类是多个案研究，对具体情况的关注更少，但它通过比较，试图突出一组现象的共性。因为各种类型的访谈在许多个案研究中都使用了非结构化访谈法，创造了一个特殊的话语语境。某些研究试图将研究结果推广到更广泛的领域，即抽取样本的人群，这就是所谓的统计泛化。

（1）特殊教育

特殊教育的研究往往非常复杂。全世界的特殊教育正在向全纳教育转变。全纳教育是为满足残疾儿童的特殊教育需要而开展的活动。这一创新在普通学校的成功取决于许多因素，如课堂活动的成功取决于学校内部组织和外部因素；如当地教育政策或家庭对学校和教学实践的影响。特殊教育的复杂性使它对所使用的研究方法提出了更高要求。近年来，人们开始借助个案研究来处理这种复杂性问题。

（2）沉默期的实践

这项研究调查了儿童尤其是移民儿童的语言"沉默期"，观察他们的第二语言语境。这项研究的框架是当代生态和社会文化活动方法以及二语习得中的意向。这项研究有四名来自西班牙的英语学习者。

这项研究考察了某幼儿园的学生是如何经历沉默期的。研究人员定期观察学生的课内和课外行为，以及对教师和学生进行访谈。

研究者总结说，语言学习不仅仅是一种简单的重复或模仿，实际上，这是一种有意的、变革性的以及复杂的意义形成过程。对处于沉默期的学生来说，通过参与课堂活动、课堂任务，将其作为一个重要的手段来调解语言之间的冲突。对学习者来说，如果没有这种类型的任务参与，就很难实现有意义的语言学习。

五、进行个案研究的五个主要步骤

（1）设计和规划研究目标。

（2）确定研究理论。

（3）选择从何处获得数据。

（4）确定数据收集方法，尽量使用不少于四种类型的三角测量（使用多个数据源或在不同场合收集相同的数据；在研究中使用多个观察者进行观察者三角测量；结合不同类型数据收集方法进行三角测量；理论三角测量——使用替代理论或观点）。

（5）报告使用匿名。

六、研究人员所需的技能

（1）能够善于提出问题，并对答案做出解释。

（2）应该是一个好的"倾听者"，不要被自己的意识形态或行为所束缚。

（3）应具有适应性和灵活性，以便能够应对遇到的新情况。

（4）无论是理论还是实践，都必须牢牢把握所研究的问题策略导向。

（5）应不受先入为主的观念影响，包括那些源自理论的观念。

（6）收集数据。

（7）考虑与研究项目相关的数据。

（8）对数据进行分类（编码）。

（9）反思数据（写笔记、备忘录、评论等）。

（10）以不同的方式组织数据。

（11）将新出现的问题与主题和相关概念理论联系起来。

（12）根据先前分析建议的方向收集更多证据。

第六节 社会学的质性研究方法——叙事探究

对于"叙事探究"，我们有几方面需要讨论。

1. 进行叙事探究有什么好处？
2. 新手可能会面临哪些问题？

叙事探究将经验作为经历和讲述的故事来理解，已经在质性研究领域获得了广泛的声誉和信任。与很多传统方法不同，叙事探究可以收集到个人和社会维度中那些一般的事实和数据无法定量的东西。叙事研究包括引出和记录个人生活经历的故事。然后，根据某一领域的文献对这些故事进行解读，对实践、未来研究或理论产生影响。叙事研究有许多形式，如案例研究、日记研究、生活史、自传、回忆录等。叙事研究已被用于语言教育领域调查动机、身份、多语使用、学习策略、语言损失、学习者自主性以及各种其他主题。访谈是收集数据的主要方法，有时研究人员会分析以前出版的自传、回忆录和其他类型的作品。当然，也可以记录自己的故事。

例如，请参与者写下自己学习外语的经历：你对这门语言的第一印象是什么？在初中、高中课堂上学习情境如何？你可以讲一下与之相关的有趣经历吗？你学习这门语言的动机来自哪里？为了最大程度地提高外语水平，你需要做什么？计划如何？与同学交流你的故事。分享学习经历。可以查找关于叙事调查项目的期刊文献，找到各自的研究问题。背景如何？参与者是谁？数据收集方法和程序是什么？研究人员对数据是如何分析的？用什么形式来呈现调查结果？研究人员得出了什么结论？与同学讨论，并对比数据收集和分析方法。随后制订计划：你将研究什么问题（给出理由）？参与者是谁？你选择他们的依据是什么？将遵循什么程序记录他们的故事？如何分析这些故事？如何做总结报告？

第三章 质性研究数据收集方法

上一章对质性研究的广度进行了一个非常简单的概述。各种质性研究方法和技术可用于以下研究：如基于现象学、解释学、扎根理论、解构主义，采取民族志、访谈、心理分析、文化研究、观察、田野笔记、结构化访谈、半结构化访谈、分析文件和材料等形式。研究者将根据其研究问题，通过个案研究、叙述探究等，探索流程、活动和事件，或者关注内省方法在研究中的使用等。本章的焦点是旨在从语言学习者和使用者那里获得数据，探讨数据收集方法。

第一节 田野调查

田野调查（field work）是一种深入研究现象的生活背景中，以参与观察和非参与式观察，以及访谈的方式收集资料，并通过对这些资料的质性分析来理解和解释社会现象的社会研究方式。可以指项目的数据收集阶段（尤其是在质性研究传统中）；或者研究人员如何收集数据；或者更狭义地说，在社会环境中收集数据，试图反映事件的自然发生顺序和被研究者的主观意义。

田野调查作为一种质性的数据收集方法，目的是观察、互动和了解人们在自然环境中的行为和反应。例如，自然保护主义者观察动物在自然环境中的行为，以及它们对某些情况的反应。同样地，进行实地研究的社会科学家可能会进行采访或远距离观察人们，以了解他们在社会环境中的行为以及他们对周围情况的反应。

该调查包括多种社会研究方法，包括直接观察、有限参与、分析文件和其他信息、非正式访谈、调查等。虽然田野调查通常被描述为质性研究，但它往往也会涉及量化研究的多方面。

参与者观察适用于收集关于儿童自然发生行为的数据。深度访谈是收集个人历史、观点和经验数据的最佳方式，尤其是在探索敏感性话题时。小组能够有效地收集群体文化规范的数据，并对所代表的文化群体或亚群体所关注的问题进行概述。

田野调查通常开始于一个特定的环境，尽管研究的最终目标是观察和分析在该环境中被试的特定行为。然而，由于自然环境中存在多个变量，某种行为的因果关系很难分析。大多数数据收集并不完全基于因果关系，而主要基于相关性。虽然田野调查是为了寻找相关性，但由于样本量小，很难在两个或多个变量之间建立因果关系。

1. 田野调查方法

田野调查通常以5种不同的方法进行。它们是：

（1）民族志

民族志是对整个社会环境的社会研究、社会视角和文化价值的扩展观察。在民族志中，研究者对整个社区进行客观观察。例如，如果一个研究人员想要了解亚马孙部落是如何生活和运作的，他/她可能会选择观察他们或生活在他们中间，观察他们的日常行为。

（2）直接观察

在这种方法中，数据是通过观察方法或受试者在自然环境中收集的。在这种方法中，情境的行为或结果不受研究者任何方式的干扰。直接观察的优点是，它提供了有关人员管理、互动和周围环境的上下文数据。这种田野调查研究方法被广泛应用于公共环境，而不是私人环境，因为它引发了伦理的困境。

（3）参与观察

在这种实地研究的方法中，研究者深入地参与到研究过程中，不仅仅是作为一个纯粹的观察者，也是一个参与者。这种方法也是在自然环境中进行的，但唯一的区别是研究人员参与到讨论中，并可以定义讨论的方向。在这种方法中，研究人员与研究参与者生活在一个舒适的环境中，环境让他们感到舒适，并展开深入的讨论。

（4）质性访谈

访谈是直接向研究对象提出的封闭式问题。访谈可以是非正式的对话式访谈、半结构化访谈、标准化访谈和开放式访谈，也可以是以上三种形式的混合。这为研究人员提供了丰富的数据，他们可以进行整理。这也有助于收集关系数据。这种实地调查方法可以混合使用一对一的访谈和文本分析。

（5）个案研究

个案研究是对一个人、情况或事件的深入分析。这种方法可能看起来很难操作，然而，它是进行研究的最简单的方法之一，因为它涉及深入研究和彻底理解数据收集方法和推断数据。

2. 进行田野调查的步骤

由于田野调查的性质、时间线的长短和所涉及的成本，田野调查的计划、实施和测量可能非常困难。研究管理的基本步骤是：

(1) 组建合适的团队：为了能够进行田野调查，拥有合适的团队是很重要的。研究人员和辅助团队成员的角色是非常重要的，定义他们必须执行的任务和定义相关的里程碑是重要的。

研究招募人员：田野调查的成功取决于进行研究的对象。可以使用抽样方法。

(2) 数据收集方法：如上所述，田野调查的数据收集方法是多种多样的。它们可以是调查、访谈、个案研究和观察的混合形式。所有这些方法都必须在一开始就确定。

(3) 实地考察：实地考察非常重要，它总是在传统地点之外和调查对象的实际自然环境中进行。因此，计划一个现场访问连同数据收集的方法是很重要的。

(4) 数据分析：对收集到的数据进行分析，将结果沟通传达给研究的利益相关者是很重要的。

3. 进行田野调查的原因

田野调查在20世纪的社会科学中已被广泛使用。但总的来说，它需要大量的时间来进行和完成。那么，为什么研究人员会普遍使用这种方法来验证数据呢？我们看看4个主要原因：

(1) 克服数据不足：田野调查解决了数据空白的主要问题。通常情况下，研究中一个主题的数据是有限的，尤其是在特定的环境中，但没有初步研究和数据就无法验证这一点。田野调查不仅可以填补数据空白，还可以收集支持材料，是研究者首选的研究方法。

（2）了解研究的背景：在许多情况下，收集的数据是足够的，但仍然进行田野调查，因为这有助于深入了解现有数据。例如，如果数据表明来自马厩或农场的马通常会赢得比赛，因为这些马是纯种的，而且马厩主人雇用了最好的骑师。但是进行田野调查可以揭示影响成功的其他因素，如饲料质量和提供的照料，以及有利的天气条件。

（3）提高数据的质量：由于这种研究方法使用多种工具来收集数据，因此数据的质量更高。可以从收集到的数据进行推论，并可以通过数据的三角测量进行统计分析。

（4）收集辅助数据：田野调查将研究人员置于本地化思维的立场，这为他们打开了新的思路。这可以帮助收集研究没有考虑到的数据。

4. 田野调查的实例

（1）可以通过观察方法和深入访谈，了解贫困地区的社会指标和社会等级，研究人员可以成为社区的一部分。这项研究还可以理解该地区的财务独立性和日常运营的细微差别。对这些数据的分析可以让我们深入了解其结构化社会的不同之处。

（2）了解运动对孩子发展的影响

这种研究方法需要多年的时间进行，而且样本量可能非常大。该研究的数据分析为了解不同地理位置和背景下的儿童对运动的反应以及运动对他们全面发展的影响提供了深刻的见解。

（3）研究动物迁徙模式

野外调查被广泛应用于研究动植物群。一个主要的用例是科学家监测和研究随着季节变化的动物迁徙模式。田野调查有助于收集跨年的数据，这有助于得出关于如何保障动物安全的结论。

5. 田野调查的优势

它是在真实世界和自然环境中进行的，没有篡改变量，也没有篡改环境。由于研究是在一个与研究对象的距离较近的舒适环境中进行，研究者对研究对象有了较深入的了解，因此研究是广泛深入和准确的。

6. 田野调查的缺点

这些研究既昂贵又耗时，可能需要数年时间才能完成。研究人员很难在研究中摆脱偏见。笔记必须完全是研究者所主观记录的，完全取决于研究者的能力。在这种方法中，不可能控制外部变量，这不断改变研究的性质。

人类学中，田野调查使用了几种类型的实地调查方法。在之后的篇幅里我们将进行深入介绍。

7. 人种学

人种学的研究，调查文化的收集和描述数据，是为了帮助一个理论的发展。这种方法也被称为"ethnomethodology"或"人的方法"。应用人种学研究的一个例子，是一种特定文化的研究和了解某种疾病在他们的文化框架中的作用。关键的社会研究，研究员了解人们如何沟通和发展的象征意义。人类学家将自己融入他们正在研究的社会，并通过口头交流收集数据，这种方法侧重于通过语言进行社区互动。通常需要对作为研究小组成员的参与者进行多次开放式访谈。研究人员尽可能多地了解社区的历史以及社区中的个人，以便充分了解他们的文化如何发挥作用。访谈可以单独进行，也可以根据年龄、地位、性别和其他导致社区差异的因素分组进行。

这种类型的研究通常致力于创造一种开放的对话，称为辩证法，在这种对话中，信息在研究者和研究对象之间来回流动。这种辩证法对社会产生的数据客观性提出了挑战。只有通过对意义的主体间创造的反思来应对这一挑战。这使得人类学家在民族志写作中重视反思能力。

8. 比较法

自人类学研究开始，比较法一直是一种允许对多个来源的信息和数据进行系统比较的方法。这是一种常见的方法，用于测试关于主题的多种假设，包括文化的共同进化、文化实践对环境的适应以及来自世界各地的当地语言中的亲属关系术语。比较法似乎是一种过时的田野调查信息收集形式，但这种方法在现代人类学研究中仍然相当普遍。世界范围内流行的是一种被称为多地点民族志的方法，通过从许多不同的社会环境收集的参与者观察数据得以实现。还有另一种形式的比较研究方法是通过人际关系领域档案，收集和组织了世界各地数百个社会的人种学文本，其中涵盖了从血缘关系系统的类型到人类文化中的交易实践的主题。

专门研究进化生态学的人类学家 Ruth Mace 和 Mark Pagel（1994）探讨了人类学研究的比较方法。[①] 他们解释了过去的十年中，人类学其他分支是如何扩展的。如关注人类的学问，它研究人类的各个层面，包括文化、社会、语言、行为和生理结构等。其中最重要的一个方面是文化，它定义了人类所处的环境和认知范畴。然而，为了调查跨文化趋势，文化不能被视为独立的，因此，必须研究它们之

---

① MACE R, PAGEL M, BOWEN J R, et al. The comparative method in anthropology (and comments and reply) [J]. Current Anthropology, 1994, 35 (05): 549-564.

间的关系。经过数百年的使用，这种方法仍然是全世界人类学家研究的主要形式之一。

第二节 观察法

一、什么是观察

观察是有意识地注意和详细检查参与者在自然环境中的行为。在应用语言学中，这可以包括教师或任何语言环境中的参与者，如双语家庭或工作环境重点双语人士。研究人员可以是环境中的完全参与者，如调查自己班级的教师，他们也可以是被动的、不参与的，如另一位老师上课的录音。本章将主要关注作为观察员的参与者，它将用于说明进行各种形式观察的研究人员面临的问题。

对大多数语言教师来说，观察一词并不陌生。然而，进行观察可能有挑战性，需要耐力、奉献精神和大量思考。本章将把观察视为一种新的数据收集方法。

观察与民族志密切相关，但行动研究、案例研究和混合研究也作为数据收集方法库的一部分。可能很少有人专门使用观察法，通常与采访或问卷调查同时进行。首先获取有关参与者外部活动的重要初步信息，然后可以用关于他们内心的问题来跟进其行为价值观或信仰。

1. 直接观察

研究人员扮演观察者的角色，在特定环境中静静地坐在椅子上记笔记。对许多案例研究者来说，直接观察是数据的关键来源，在研究现场可能会花费数不清的时间。

2. 参与式观察

质性研究大多采用参与观察和深度访谈而获得第一手资料，其中参与式观察是经常用到的一种方法。参与式观察的优势在于，能观察到被观察者采取行动的原因、态度、努力程序、行动决策依据。通过参与，研究者能获得一个特定社会情景中一员的感受，因而能更全面地理解行动。然后通过对观察和访谈法等所获得的资料采用归纳法，使其逐步由具体向抽象转化，以至形成理论。

参与式观察是人种学中使用的关键数据的收集方法，人种学在人类学和社会学中有着悠久的历史，它意味着当人们在与观察者互动的同时执行正常任务，如教学或学习。在体验研究现场正在发生的事情时，研究人员需要观察并做详细的记录，称为现场记录，记录关于人员和地点发生的相互作用。

参与式观察与直接观察不同，参与式观察意味着研究人员本身在环境中起着关键作用。例如，进行学术会议案例研究的研究人员可以参加会议以收集数据。他扮演两个角色——一个是观察的研究员，另一个是参加会议的参与者。在某种程度上，参与式观察比直接观察更困难，因为当研究人员试图平衡两种角色时，注意力可能会被分散。

例如，人类学家参与特定文化中的社会活动，包括记笔记、吃当地的食物和参加庆典来观察文化成员。参与式观察的目标是像社会成员一样参与，同时观察和研究文化活动。如果一位人类学家去参加一次美洲土著部落聚会，这位人类学家参与活动，吃当地的食物，并记录下他们所展示的传统。然后反馈收集的信息，以进一步了解所研究的文化。这种观察方法有助于人类学家与文化中的人建立更深层的关系，并有助于进一步了解他们的文化。这种经历可能会使被观察者向人类学家敞开心扉，使人类学家能够理解更多的文化现象。

3. 非参与式观察

与参与式观察不同，非参与式观察是一种人类学方法，通过进入社区收集数据，但与文化中的人的互动有限。研究人员通过观察研究对象之间以及周围环境如何相互作用的细节，如身体行为（眼睛注视、面部表情）、言语风格（如音调）来进行详细的研究。通过非参与式研究收集数据的一个例子是，根据地毯的磨损程度，估计家庭中女性穿高跟鞋的频率。

非参与式观察虽然在提供一些研究方面有效，但也有局限性。非参与式观察的缺点是：对研究对象的活动缺乏有效的参与，只能获取表面的资料，不能获取关于研究对象的丰富的、深层次的资料，在使用非参与式观察法时，得出的观点可能与参与式观察相反。解决这一问题的唯一办法是采用非参与式和参与式两种观察方法，以更全面、更公正的方式进行研究。

二、如何设计参与式观察实验

在一块大的玻璃平台中间放置一块略高于玻璃的中央板。板侧的玻璃上铺有格子布，因为它与中央板的高度差不多，似乎是个"浅滩"。在中央板的另外一侧离玻璃几尺深的地面上也铺上同样的格子形的图案布，使儿童形成一种错觉，这里似乎是"悬崖"。然后让孩子爬过玻璃板。

问题 1. 实验的名称和设计者？实验的设计意图是什么？实验得出的结论是什么？

答：名称是"视崖"实验。设计者是吉布森和瓦尔克。

设计意图是为了解儿童对深度知觉是先天就具有的，还是通过后天的学习获得的。结论是婴儿很早就有了深度知觉，但是还不能由此断定深度知觉是先天的。

问题 2. 举例说明直觉思维阶段儿童思维的主要特征？

答：这一时期儿童思维的主要特征是思维被直接接受知觉到的事物的显著特征所左右。另一个特征是：自我中心。所谓自我中心是指儿童往往只注意主观的观点，不能向客观事物集中，只能考虑自己的观点，无法接受别人的观点，也不能将自己的观点与别人的观点协调。皮亚杰的三山试验证明了这一点。

给学龄前儿童看桌子上的两个机械蜗牛，实验者同时使两个蜗牛启动爬行，其中一个蜗牛爬得慢，另外一个爬得快。当快的蜗牛已经停止时，慢的蜗牛还在爬，可是最终仍未能赶上快的蜗牛。在这种情况下，儿童不能正确再现究竟是哪个蜗牛先停下。

问题 3. 实验的设计者是谁？实验的目的与结论是什么？

答：设计者是皮亚杰。目的是测试儿童的时间知觉。结论是 4~5 岁的儿童还不能把时间关系和空间关系区分开来；5~6 岁的儿童开始把时间次序和空间次序分开，但仍不完全；7~8.5 岁的儿童才最后把时间与空间关系分开来。

结论

（1）观察是在自然环境中有意识地注意和详细记录参与者的行为。

（2）观察通常用于民族志、案例研究和行动研究，并经常辅以访谈和调查。

（3）观察是一项很难做好的技能，需要严格练习。

（4）在进行观察之前，您需要仔细安排访问设置和计划您的研究。

（5）在观察的同时，您需要写下丰富的现场记录，包括设置和参与者的行动。

（6）通过在现场笔记中添加备忘录和分析笔记，您可以逐步培养自己的洞察力和直觉。

（7）记录观察结果是一个解释过程，通常需要叙述的形式。

（8）调查结果的最终陈述也应该包括与理论的联系。

（9）仔细考虑您对参与者的道德责任是很重要的。

第三节　访谈

Interview 被译为面试或访谈，是质性研究的一个重要资料收集形式，作为一种研究工具在应用语言学中被广泛使用。作为质性教育研究最常用的数据获取方法，除了在调查研究中使用外，它还被第二语言习得研究者使用，也被语言测试者使用，他们将口头访谈作为评估熟练程度的手段。这种访谈可以是结构化、半结构化或开放式的,具体取决于调查范围和个别受访者的作用,采访中可以记录过程或做笔记。"社会语言学访谈"也被用来调查语言变异、会话分析、语用学和跨文化交际。访谈可以用正式程度来描述,大多数可以从非结构化、半结构化到结构化连续进行。一次非结构化的采访是由受访者的回答而不是研究者的程序来引导的。在半结构化访谈中,研究人员很少或不去控制,研究人员知道大体走向,以及应该从中得出什么,但不会带着一系列预先确定的问题进入访谈。决定其过程的是主题和议题,而不是问题。

通常,访谈被简单地定义为有目的的谈话。具体来说,这个目的是收集信息。不幸的是,关于如何进行有效访谈并没有达成共识。生活当中,访谈被描述为一门艺术,而不是一门技能或一门科学,它也可以被描述为一个互动游戏,受访者从中获得内在的回报。采访通常被视为质性研究的核心方法,重点在于挖掘经验的本质。它通常用于叙事调查、案例研究、民族志、行动研究和混合方法研究。典型的访谈被描述为"有目的的交流"或"专业对话",并被称为"质性研究的黄金标准"。正如我们看到的,这不仅仅是通过提问解决问题和通过答案来获取信息,加以分析,而是提供了不同的数据收集方法,提供探索人们的经验和观点的途径。

一、访谈类型

访谈可以为其他研究做出贡献。例如,它们经常作为设计问卷准备工作的一部分,田野调查可能包括与参与者的会面,无论出于何种目的,都是简短的非正式采访。我们也非常熟悉它们在媒体中的使用，但采访者和回应者之间的关系往往与研究采访中的关系大不相同。媒体间的观点可能是质疑性的，甚至是咄咄逼人的，而且可能附带有关这场访谈的主导权的竞争，然而在访谈中，这种关系本质上是协作性和探索性的。

了解更多在研究中进行访谈的方法，是阅读基于这种数据收集形式的论文，你需要搜索研究文献，找出在选领域已有的研究成果。了解研究现状，进行全面的文献回顾是一个相当大的挑战。推荐使用 Google Scholar 进行基本搜索，通常会生成 Excel 的搜索结果。其后称需要进一步完善搜索词和搜索结果。基本上有三种访谈类型：结构化访谈、半结构化访谈、开放性访谈。

（一）类型1：结构化访谈

结构化访谈又称标准化访谈（Standardized Interview），它是一种对访谈过程高度控制的访问。这种访谈的访问物件必须按照统一的标准和方法选取，一般采用概率抽样。访问的过程也是高度标准化的，即对所有被访问者提出的问题、提问的次序和方式以及对被访者回答的记录方式等是完全统一的。为确保这种统一性，通常采用事先统一设计、有一定结构的问卷进行访问。通常这种类型的访问都有一份访问指南，其中对问卷中有可能发生误解问题的地方都有说明。结构化访谈以最受控制的方式进行数据收集。在这种类型的面试中，通常使用编码方案。编码方案是指一长串的确切问题，在提问时会非常注重准确的形式和细节排序，并得出可以在不同受访者之间进行比较的答案。研究人员将知道他们在寻找什么样的信息以及可以对结果进行分析，这种访谈类型非常适合调查，有时会使用"调查访谈"一词。这种访谈是一种口头问卷调查，就像调查问卷，必须设置精确性和可比性的优势，以克服缺乏深刻性和丰富性的缺点。

（二）类型2：半结构化访谈

半结构化访谈（Semi-structured Interviews）指按照一个粗线条式的访谈提纲而进行的非正式的访谈。该方法对访谈对象的条件、所要询问的问题等只有一个粗略的基本要求。

访谈者可以根据访谈时的实际情况灵活地做出必要的调整，至于提问的方式和顺序、访谈对象回答的方式、访谈记录的方式和访谈的时间、地点等没有具体的要求，由访谈者根据情况灵活处理。

半结构化访谈的优势在于，首先，它给了被采访者一定程度的权力和对过程的控制权。其次，它给了采访者很大的灵活性，这种形式的采访给了一个能了解他人生活的特权。采访者和被采访者之间的不平等关系会影响采访的内容和所使用的语言。因此，对研究人员来说，使用访谈将变量纳入他们对数据的解释是很重要的。从语言学的角度来说，这种不对称会在实际使用的语言中得到反映。需要采访者有足够的经验，不要带有过多主观偏见。

访谈是我们试图了解人类同胞的最常见和最有力的方式之一。在考虑使用访谈收集数据时需要考虑的第一个问题是，这是否符合你的研究目的。还需要考虑你想要的数据类型，以及你想要控制的程度。需要决定是否要安排访谈，以便设定流程，是否只想听听受访者对某个特定问题或主题的想法，或者是否想两者兼而有之。例如，正在计划一个项目，该项目涉及你采访的家长和幼儿，需要了解他们对电视节目的看法以及对幼儿的思考，你可能需要问自己一系列的问题：

<<< 第三章　质性研究数据收集方法

比如，你会把孩子和父母安排在一起吗？会以小组形式采访孩子吗？应该采访多少位家长？列出你需要问自己的问题以及你将如何解决这些问题，确保你知道为什么要做这些决定。问题可能是无穷无尽的，但是，无论你决定什么，你都需要能够为这些决定提供一个理由，它们必须得到解释和证明。

无论你决定深入、详细地采访三位家长，还是在繁忙的购物中心随机选择50人来进行采访，为什么你会决定受访者是3个而不是50个家长，都必须说明做出这些选择的原因。

准备日程安排。一旦研究目标确立，研究者必须将其转化为具体操作问题。为了促进这一过程，调查中的变量应该按名称写下来。这一阶段需要考虑问题格式和回答方式。这些将根据被调查变量的性质、受试者的类型、研究人员可用的资源等而变化。然而，不管问题是什么，研究人员仍然需要决定要使用的问题类型（开放式还是封闭式，直接还是间接等），以及以什么形式对回答进行分析。由于我们已经确定了采访中的潜在问题，所以在确定采访问题之前，对小样本的受试者进行访谈测试是非常重要的。这让研究者有机会发现问题是否产生了所需的数据，并消除任何可能使受访者产生歧义或混淆的问题。我会更进一步说明这对所有人都很重要，比如，追踪儿童11岁的语言能力互动主义文化方面的研究，文献中有许多关于计划和如何进行采访的实用的建议。

电话采访录音所需的设备很容易买到，而且价格低廉，只需要一根电缆就可以把电话和录音机连接起来。这是一种相对便宜的数据收集方法。电话、视频会议和互联网能够进行远程采访，而无须花费旅行费用。在2016年，作为在英国女王大学进行的研究的一部分，笔者

101

采访了五位在学校工作的教师,第一组采访是面对面进行的;第二组采访是在大约 14 个月后通过电话进行的。问题是开放式的。提前发送了试图集中解决的问题,以便他们熟悉问题,做好准备。收集数据总共花了大约 8 小时,但花了 30 多小时才制作出 5 次电话采访的笔录,然后将笔录发送给受访者进行修改。

(三) 类型 3:开放型访谈

指提出比较概括、广泛、范围较大的问题,对回答的内容限制不严格,给对方以充分自由发挥的余地。开放型访谈的问题不是预先决定的。受访者不会感到受约束。采访者和被采访者之间相互信任的关系必须从一开始就建立起来。访谈的目的是尽可能深入探讨受访者的经历、观点或感受,尽管采访者会在心里对话题做出预设,但方向很大程度上是确定的。总之,访谈可以产生丰富的数据,但就方法和分析而言,实际上需要花费相当多的时间。

二、访谈形式

1. 标准化

访谈的优点是随意、舒适、不拘谨,可以在光线充足、温度舒适的环境下进行。标准化面试采用正式结构化的面试问题表。面试官要求受试者回答每个问题。研究人员的访谈中安排的问题需要足够全面,能够从受试者那里获得与研究主题相关的所有信息。总而言之,标准化访谈的目的是通过一系列预先确定的问题来获取信息,这些问题要引出受试者对相关问题的想法、观点和态度。

2. 半标准化

半标准化访谈涉及一些预先确定的问题。这些问题通常按顺序向每位被采访者提出,但允许适度地偏题。也就是说,允许采访者对他们准备好的标准化的问题的答案进行深入探讨。采访的问题必须用被采访者熟悉的语言表达。半标准化采访中使用的问题可以反映出一种意识,即个人如何以不同的方式理解世界。

三、访谈问题的类型

访谈构建的第一步已经表明:研究人员必须确定他们调查研究的性质和目标。为了完整写出关于被调查的各种主题或情况,必须包括四种类型问题:基本问题、额外问题、丢弃问题和探究性问题。此外,研究人员必须考虑到研究的中心目标和重点。基本问题只涉及研究的中心。它们可以放在一起,也可以分散在整个过程中,但它们是为了引出特定的所需信息。额外问题大致等同于某些基本问题,但措辞略有不同。包括为了检查答复的可靠性或衡量措辞改变可能产生的影响的问题。丢弃问题可能是基本的人口统计问题或一般问题,用于发展访谈人员和受试者之间的关系。探究性问题经常要求受试者详细说明他们对给定问题的回答。探索性定性研究方法中的一个优点是使用开放式问题,让参与者有机会用自己的话做出回答,而不是强迫他们从固定的回答中进行选择。开放式问题具有以下特点:

(1) 对参与者来说比较笼统,范围不确定;

(2) 研究人员未预料到的答案;

(3) 内容丰富且具有解释性。

质性方法的开放式问题访谈,重要的一个特点是倾听。它们允许研究人员灵活地探索参与者的回答,研究人员必须仔细倾听参与者说什么，根据他们的个性和风格与他们互动，并用来鼓励他们详细阐述自己的答案。另一个特点是获得互动，尤其是正面的互动，因此，研究人员需要充分熟悉访谈的主题和内容，了解受访者的观点并自然地加以运用。然而，成功的关键是倾听。如果希望被调查者充分、热情地回答问题，研究人员要对他们要说的话表现出真正的兴趣，应将每次访谈视为一次提高技能的机会。涉及两个不同方面：开始探索话题，并从一个话题转到另一个话题。通过利用受访者的回复，将一个主题转换为另一个主题，如果必要的话，用"我们可以继续吗"引入要转化的话题。

总之，将质性数据分析视为主观的观点是错误的，因为所有数据分析都涉及选择和解释。解释数据有可用的计算机程序（例如，NVivo）和一些专门用于分析主题的有用书籍，但所有成功的分析最终取决于确定并制定了哪些代码和主题。转录采访是一种数据收集的形式，利用转录软件将数据分成小块。Soundscriber 是一款免费下载的转录软件，允许设置标准返回时间。在转录采访时，只捕捉到传达的基本方面，如重叠、强调、声音延伸、截断词和停顿。例如，在学生关于开始新课程的回复中：兴奋、恐惧、难以理解、困惑。一旦有了这些初始数据，就可以转向更仔细分析的编码过程。

第四节　三角测量法

三角测量法是研究同一现象的各种方法的结合，它通过个人视角或多种方法研究单个主题。三角测量法通常是研究的首选方式，因为它可以将所有研究方法结合起来以获得最佳结果。同时使用定性和定量实践。定性实践给出了其查询结果。定量实践给出了验证结果，结合了科学方法和观察方法。当两个或两个以上不同的方法被发现是一致的，并产生可比的数据时，它是一个"交叉验证的工具"。使用三角测量研究依靠一种形式会产生偏见。测量数据的问题是，被研究的个人或群体倾向于告诉你想听到的，而不是全部真相。三角测量法有助于防止偏见，因为它使研究者有机会与被研究者一起参与个人、自我报告和观察。抽样偏差通常意味着研究人员没有时间覆盖他们关注的整个群体，或者只专注于他们认为重要的部分。三角测量法可以结合电话调查、面对面访谈和在线调查，以确保研究人员得到最准确的结果。总之，实地调查的三角测量方法可以结合研究的各方面，采用不同的视角和各种来源，最终形成最准确的结果。

Dezin（1978）首先将三角测量定义为研究同一现象的各种方法的结合。"三角测量"表示从不同的个人、数据类型或数据收集方法中证实证据的过程。如果研究人员一开始就致力于收集并用多种来源和模式的证据对其发现进行双重检验，他们就会将验证过程构建到数据收集过程中。Greene 等人（1989）开发了一个框架，描述了使用混合方法设计的五个基本原理：（1）三角测量，即"研究同一现象的方法组合"，目的是消除每种方法的固有偏差；（2）互补性，包括努力阐述、加强和澄清各种方法产生的结果；（3）开发性，包括把一种方法的研究结果应用于其他方法；（4）鉴别性，旨在识别和解释可用于细化研究问题的矛盾；（5）扩展性，旨在针对调查的不同方面使用不同的方法来扩大调查的广度和规模。①

通过采用三角测量收集不同数据，研究人员可以减少出错，避免得出不恰当的结论。由于各种原因，混合研究方法得到了社会科学研究人员的认可，三角测量法涉及使用一种以上的定性或定量方法进行研究。这两种数据形式的组合可以通过最大限度地发挥各自的优势，从而弥补另一种的不足，从而提供最完整的问题分析。如果每个人的结论相同，那么它们可能被认为是有效的。

田野调查是对环境中发生的普通活动进行的系统研究。主要目标是了解这些活动以及它们对参与这些活动的人意味着什么。为了获得这种理解，现场研究人员在日常生活中通过与人互动、倾听和观察来收集数据，通常在一些独立的环境中进行，如小学教室、街角、公共社区。正如调查研究不仅仅是问几个人几个问题，实地调查也不仅仅是与人闲逛、交谈和观察。这两种研究方法都是复杂和系统的，都有明确的程序可遵循。然而，与此同时，实地研究需要灵活性，因为它可能是混乱的、情绪化的、危险的，并且缺乏严格的规则来指导研究过程的某些方面。事实上，运气、模糊性、时间限制和感觉往往会影响实地研究的计划、执行和分析，因此研究人员在参与研究之前，对这种方法进行充分的准备和接受相关培训就显得尤为重要。

---

① GREENE J C, CARACELLI V J, GRAHAM W F. Toward a conceptual framework for mixed-method evaluation designs [J]. Educational evaluation and policy analysis, 1989, 11 (03): 255-274.

第五节 问卷调查

开放式回答项目是回答者在提供的空白处用自己的话回答。这样的项目最适用于探索性研究。开放式回答问卷，以无组织的方式询问人们对特定主题的想法，因此，开放式回答问卷通常作为调查的基础以便进行更进一步、更结构化的研究。由于开放式回答问卷项目主要是探索性的，因此通常与质性研究相关，尤其是案例研究，观察、访谈和日记研究民族志、行动研究和混合方法，通常是互补的。

问卷中可以有两种类型的项目：封闭式问卷和开放式回答问卷。许多调查问卷都包含这两种类型，并且它们通常被视为是互补的。封闭式问卷要求受访者从有限的列表或选择中给出答案，关于此类问卷使用的问题类别和名称已由研究人员事先确定。如表3-1所示。

表 3-1 封闭式问卷样例参考　　　　　　　　单位：人

教学活动	无效	有效	相当有效	非常有效
辩论	1	2	3	4
语法练习	1	2	3	4
小组合作	1	2	3	4

封闭式问卷是收集数字数据，以挖掘项目和项目类别之间的差异和相似性，使用统计分析。相反，开放式回答项目要求受访者以自己的方式回答。开放式回答项目的例子有：你认为什么类型的课

堂活动最适合你？你最难忘的教学经历是什么？在课堂上你通常用什么现代教育技术？你认为最需要培养学生哪方面的能力？怎样才算有效的语言学习？这些项目通过不局限于回答一系列问题来深入探讨问题，但要求他们更充分地表达自己的想法或邀请他们详细说明或解释他们自己对封闭响应项目的答案。

开放式回答项目在语言研究中可以有多种形式，因为这些项目通常：（1）用于各种目的（研究、课程）发展、课程评价；（2）应用于各个层面（课堂、机构、省、州、国家、国际）；（3）用于管理不同人群（学生、教师、管理人员、员工）。到目前为止，最常见的开放式回答项目类型是填写和简短回答。填写项目是指要求受访者提供相对完整项目简短的信息。例如，生物数据项目（或人口统计项）通常都要求填写。考虑下面表3-2的生物数据项目。

表3-2 生物数据项目

姓名		性别	
出生年月		民族	
地址		学历	
所在单位		职责	
电子邮件		联系电话	

生物数据项目可用于收集受访者的历史信息，他们学习目标语言的年限、获得的证书、标准化考试结果（如托福成绩）、专业历史（最高专业资格、年限）等情况，也可用于出版物、教学情况（班级类型和数量）、授课人数、每堂课的学生人数或学生的学习环境（提供的语言课程的类型和数量）等信息。另一种填写项目是完成句

子，这可以给出一个关注一个明确定义的问题，因此这些问题可以相对较快地得到回答。下面是一个句子完成项的示例：经常进行的三种交际活动是什么？你认为哪两个交际活动是对语言学习有效的？请分别写一个理由。

_____

_____

与填写项目不同，简短回答项目要求的回答可能是几个短语或句子，没有提示。有两种类型的简短回答问题：具体的开放性问题和广泛的开放性问题。首先，具体的开放性问题询问特定的问题答案，通常为一行或两行，在问卷上用点或线明确标记。下面是一个具体的开放性问题的例子：

你的学生最容易接受什么类型的英语活动？

_____

_____

其次，广泛的开放性问题允许对一个问题进行更深入的探索（最好只有一个问题），通常会得到不可预测的反应。有效的广泛开放性问题促使回答者要写一个简洁的答案。答案要多于一个短语，最多一段。这些问题不应要求受访者的回复太长，大多数受访者没有时间这样做并有可能对这样的要求反感。广泛的开放性问题通常有一个空白区域，受访者可以在这里写下自己的想法。广泛的开放性问题的例子有：

（1）你为什么在课堂上使用交际活动？

（2）你的学生认为在准备大学入学英语考试时最具挑战性的是

什么？

填写和简短回答的区别主要在于要求受访者提供的内容的长度。填写项目可能需要单词或短语长度的回答。简短的回答项目通常要求回答一些短语、句子或句子段落。

一、调查问卷

当开始使用开放式回答问题收集数据时，笔者将讨论其中的一些重要的注意事项，并提供关于如何提出开放式回答问题的指导原则。

（一）步骤1：选择样本

这将决定调查的首要任务。由封闭项目组成的问卷可以相对较快得到回答，并使用统计方法对其进行分析，因此使用范围较广。然而，完成和分析问题要花费更多的时间，因此完成这些问题的人数通常是有限的，样本量小得多。由于样本量小，选择由谁来回答你的调查问卷变得特别重要。

（二）步骤2：编写项目

必须在写调查问卷之前决定样本。撰写开放式回答项目的过程，可以从多种不同的方式开始，这取决于所使用的定性研究方法，观察该领域或教学日志。阅读其他研究人员的文章，尽可能写出最好的问题。本部分将提供8条有用的指导原则，这8条指导原则有助于写出好的开放式回答项目。

1. 避免过长的问题

要避免写太长的问题。一条经验法则是你应该能够一口气读一个问题（大约30个单词），建议将问题长度控制在20字以下。重点是写的问题要尽可能简洁。

2. 避免输入多余的信息

保持问题简短的一种方法是避免写多余的信息。通过仔细阅读每个问题，以确保问题的直接性，尽可能精确。

3. 避免双重问题

检查以确保每次只涉及一个问题。下面是一个双重问题的例子：补习班如何影响学生对高中课程的态度，如何帮助他们准备大学入学考试？这里的问题都应该被分解成两个单独的、精确的、单一的重点问题。补习班如何影响学生对高中课程的态度？补习班如何帮助学生准备大学入学考试？

4. 避免使用否定形式的句子

避免写语法上的否定性问题。受访者可能不会注意到否定形式，尤其是他们正在快速阅读问题时。特别是对英语非母语受访者来说，双重否定往往是非常令人迷惑的。否定英语单词中有很多种形式，包括 no、not、never、nothing、none，以及以前缀开头的单词，如 no-、un-、ir-、il-、im-、non-、dis-，等等。

否定性问题如：

为什么没有更多的老师不喜欢入学考试？

这个问题可以改写为肯定形式：

你认为为什么大多数的老师都接受大学入学考试？

5. 避免引导性问题

仔细检查所有问题，确保没有使用引导性问题（向受访者指明特定答案的问题）。下面是一个明显的引导性问题的示例：鉴于日本的大学入学考试制度，它对待年轻人的方式是不人性化的，你认为应该改革吗？有时其中的引导性问题表现得不明显，但它们也会影响得到的回答的质量。更好的问题形式将是：如何改进高考？

6. 避免尴尬和有偏见的问题

避开令人尴尬的问题（包括脏话）或者有偏见的问题（性别、宗教、种族等）。

带有偏见的问题如：你认为外籍教师有足够的准备能力应对参加高考的学生吗？

这个问题更恰当的形式是：

外籍教师在为学生准备大学入学考试时面临哪些挑战？

7. 避免让受访者回答无关的或者不适合他们的问题。考虑采用不同的问卷避开这类问题。

针对不同的人群，如分别针对学生、教师和管理员设计单独调查问卷或在调查问卷中提供其他子选项（如"如果你今年只教大学一年级学生，请跳到问题9"）。

8. 避免与主题不相关的问题

它们会使调查问卷更长，使人们跳过问题。为了避免这种情况，问自己每一个问题。如果不能给出答案，删除这个问题。

第六节　有声日记与数字录音

一、有声日记

日记是参与者对自己经历的记录及对其的解释，可能会为访谈提出后续问题。

有声日记比书面日记更具优势。言语的流动性使反应具有即时性，这可能有助于克服自我报告的局限性。研究人员已经表明，与其他回顾性记录的方法相比，在记录有声日记之前，认知过程发生得最少，因此有可能更恰当地反映参与者当前的心理状态。有声日记让参与者能够更好地控制如何记录。研究人员将有声日记与书面日记的使用进行了比较，他们认为"录音机中的日记往往结构不太清晰，但经常看到日记作者深入思考自己与某一特定问题的关系"，研究人员还强调了在与特定群体合作时，有声日记比书面日记更具语用优势。例如与写作有困难的人或视力有困难的老年人合作时，有声日记相对便利。事实证明，由于技术的相对便利性，使用有声日记比使用书面日志格式的完成率更高。因此，这种方法可以为对于获取纵向研究数据感兴趣的心理学家们提供很多工作便利。

在过去的25年中，许多工作者提倡在工作心理学领域使用质性研究方法强调了它们在帮助我们理解工作心理学关键问题方面的潜力。最近，他们探讨了工作心理学家可选择的方法及他们对定性调查质量的看法。我们试图通过讨论定性研究方法中有声日记的潜在贡献来应对挑战。我们通过它的使用方法和设计策略来详细说明这种新兴方法。因此，本研究旨在解决方法本身与实际应用方面的知识差距，并提供评估方法效用的评估框架。

有声日记在各种社会科学学科中得到了越来越广泛的应用，并被认为具有许多优势，如在变化时期获得感知能力，并能及时捕捉现象，从而提高数据捕捉的即时性和准确性。可以考虑将有声日记作为质性研究方法或混合研究方法的一部分，为工作心理学从业者和研究人员提供支持和指导。

　　大量研究表明，劳动力的日常，包括低工资、低福利，缺乏发展方面的培训和投资，与其他员工关系不良，被社会孤立，职场歧视等。研究人员探索了职业群体的压力体验，以检验一系列挑战性环境与其心理影响之间的相互作用。首先探讨日记研究在工作心理学研究中的应用，然后再考虑有声日记研究及其在研究方法论争论和工作压力研究缺口方面的适用性。研究分为三个部分：第一，看看日记的使用如何扩展我们对工作压力的理解；第二，参与者对日记方法的反应；第三，讨论对该方法的了解，并为其他工作心理学研究者提供一些建议。

　　音频日志研究在工作心理学研究中未被充分利用的一种方法是有声日记。有声日记是参与者在一段时间内的反应和反思的录音。报告音频日志是社会学领域的，或者定位于教育领域。讨论这一方法的论文中，一个明显的中心主题是参与性。参与者（与研究者相反）指导的个人经验建构可以被视为一种表演，而且是一种以口头独白形式进行的创造性活动。在音频日志中，参考框架与受访者紧密相关，研究人员的任何指导活动都需要在数据收集开始之前考虑。与其他类型的日记一样，该技术的一个关键优势是将研究人员对参与者反应的影响降至最低。这意味着音频日志可以捕捉研究人员可能无法获取的现象。就积极影响而言，参与者将音频日记视为帮助他们反思和面对就业形势中的挑战的工具，说明压力管理过程中的一些相关心理现象，类似于认知重构和自我对话，提供了一个应对就业形势挑战的反思渠道。并且，参与者认为该方法有助于培养他们的自我意识，使他们能够思考未来的职业抱负，通过思考他们所面临的挑战来推动他们的长期就业计划。

二、数字录音

本部分为进行质性研究而对访谈和会议进行数字录音所需的技术。概述了使用数字音频技术的优点，更新最后简要评估了当前可用的录音类型。

一把好锤子是木工活的基础，一个好的录音设备也是实地工作的基础。本部分讨论了数字录音的潜在优势，并提供了一些技术背景，介绍了在购买数字记录仪时要考虑的特性。简要地评述了目前不同类型的记录器和一些主要制造商的名称。随着新的录音机不断出现，推荐特定型号的录音机几乎毫无意义，因为推荐的录音机很快就会过时。

为什么使用数字录音？

从音频质量方面来说，使用盒式磁带进行模拟录音的过程会产生噪音。

噪音会淹没柔和的语音，使正常语音的转录变得困难。数字录音机通常具有更高的信噪比。噪音越小，数据丢失的风险越小，转录速度越快、成本越低、准确度越高。

此外，音频质量还可以在低环境噪声环境中使用合适的外部麦克风，或正确放置在扬声器附近的麦克风。若采用数字录音，有一些便宜的音频编辑程序如 CoolEdit，可能会有所帮助。这些程序可用于调整录音音量，修复录音，减少不必要的背景噪音，过滤不必要的频率，隐藏个人或身份信息，并从音频文件的开头或结尾中删除无关部分。

从归档和备份方面来说，归档数字音频记录既简单又便宜。当使用MP3等压缩数字格式时，可以将整个研究项目存储在一张或两张只读光盘上。但是，由于数字音频易于复制和传输，可能需要采取额外的措施来确保原始记录的安全性，并充分保护研究的机密性。

三、其他

文件：包括信件、小册子、议程、会议记录、报告、报纸文章。凡是出现事件的地方，通常都有书面文件记录。

档案记录：包括客户记录、组织结构、预算、地图、人口普查数据，甚至个人笔记。这些记录可以帮助了解特定时间点的案例。

人工制品：如图片、艺术品、工具等。

第四章 实践问题

第一节 研究过程的设计

一、什么是质性研究设计

质性研究是一种科学研究。一般来说,科学研究的调查目的如下:

(1) 寻求问题的答案。

(2) 系统地使用一套预定义的程序来回答问题。

(3) 收集证据。

(4) 产生未事先确定的调查结果。

(5) 产生适用于研究直接边界之外的研究结果。

质性研究作为一种科学研究具有以上这些特点,除此之外,它还从给定的所涉及的特定人口的角度研究问题。该研究有关价值观的特定文化信息方面尤其有效,能获取特定人群的观点、行为和社会背景。优势在于它能够提供复杂的文本描述，提供有关个人的系统的信息，通常是互相矛盾的行为、信仰、观点、情绪和人际关系。质性研究也能有效地识别无形因素，如社会规范、社会经济地位、性别角色、种族和宗教。

二、当前英语教学研究的几个问题

（1）英语学习风格和模式；

（2）教学策略；

（3）课堂互动；

（4）英语教学过程中的性别问题；

（5）英语学习中的语码转换；

（6）职业、多元文化学校的英语；

（7）通过电子设备学习英语；

（8）专门用途英语（ESP）；

（9）英语课程及教材。

目的是在真实的语境中探索教学方法，并试图提供最新的教学方法。近年来，英语教学领域的研究取得了巨大的发展。哪种理论被付诸实践，以及在哪种情况下对要教授的技能做出选择是关键。

1991至1997年在主要应用语言学期刊上发表的文章，只有10%可以归类为质性研究，1997至2006年的调查显示，这一比例已增长至22%。在过去15年左右的时间里，中国出现了新的"社会转向"，在语言学中兴起了社会文化理论。在语言教学研究中，越来越多地使用质性研究方法来替代量性研究和实验研究。因此，重要的是要理解什么是质性研究，它能为该领域做出哪些贡献。

第二节 数据收集

人类对数据的使用和研究有着悠久历史，与其他形式的工具相比，数据观察的主要优势在于允许研究人员在探索新内容时具有更多灵活性，有时可能会有一些出乎意料的结果。首先，一些人认为观察过程受到客观因素影响，观察通常更费时费力。其次，他们在参与用于数据收集人/对象的数量上更为有限，且允许不同程度的主观性即态度、暂时情绪等因素的影响。这些都会误导观察者的感知。也有人认为，这些弱点实际上是这项工作的长处。需要更多的时间，这意味着尽管成本高昂，但还是有更好的机会获得高质量的信息。如果目的是观察信息丰富的样本，那么使用较少的受试者不是问题。最后，主观性被认为是积极的。

人们的观察方式可能会有很大的不同。第一，观察者可以是研究人员、受雇进行观察的人或被观察者自身。第二，观察者们可能非常关注这一问题研究的目的，也可能完全不知道为什么要求他们观察。第三，观察者记录的信息不需要对观察结果进行解释，不需要给出自己的评价判断。第四，观察进程可以使用记录设备备份，也可以不使用记录设备备份。研究人员经常使用录制设备帮助进一步分析。在下面的讨论中，笔者将展示如何使用这些不同的观察方式及其优势和局限性。观察自身的行为，这一现象变得越来越普遍。本节基于观察者亲自参与被观察的事件，了解数据收集。本过程要求参与者遵守他们自己的内部认知（或情绪）状态或处理策略，被称为内省。

  研究人员通常在实验过程中将参与者的想法记录在录音带上，笔者做了一项研究，要求参与者在阅读文章中理解确定陌生词汇的猜测策略。研究中用录音机记录了他们在阅读过程中的自省，随后分析了转录的数据内省技术的优势在于它让研究者尽可能接近参与者思想的内部运作。然而，问题在于验证参与者是否提供了准确的信息。如果研究仔细，参与者可能会告诉研究人员他们认为研究人员想听的内容。更大的问题是报告参与者想法的行为会干扰自然认知过程，从而扭曲数据并降低其真实性。

  另一项使用内省的研究中，重点是是否能力较高的学生与能力较低的学生在外语课堂中使用不同的策略。他们的参与者包括正在学习法语、西班牙语和日语的三年级和四年级学生。研究人员通过一次有声思考的访谈来收集学生在阅读或写作时的数据。在阅读或写作过程中，使用有声思维采访指南，以目的语向学生提问。该指南用于确保向学生提出相同的问题。在收集数据之前，学生们接受了一些训练以熟悉"大声思考"程序。学生们被鼓励用目的语回答，但也可以使用他们的母语。他们的回答被录音、转录，然后翻译成英语。然后，每个学生的回答都由一对训练有素的观察员使用商定的编码方案来识别。首先，学生是否提供了准确的描述，他们实际上使用了什么策略？其次，在读或写的过程中问问题是否会干扰学生们的回答？再次，使用目的语会干扰学生的回答吗？也就是说，尽管学生们可以使用母语，是不是个性更保守的学生、更自信的学生会更多地尝试使用目的语表述自己使用的策略？最后，将学生的目的语输出翻译成英语是否会丢失信息？

外部观察。自我观察是进行内在观察的最佳方式，外部观察者更适合观察外部研究对象的行为。一项研究中，研究人员了解该小组的外语学生对他们进行的语言课程的态度。

一、第二语言习得研究中的质性研究

语言教学可以比作烹饪。由于科学的进步，人们对各种食物物质的营养有了很多了解，营养餐当然考虑到了其成分的有益品质。然而，美味的饭菜并不一定营养丰富，反之亦然。一种科学合理的二语教学方法并不一定能使语言课程变得最愉快，而且在很多情况下，既有益又愉快的教学必须同时提供这两种元素，使二语学习既营养又美味。第二语言学习者和用户，他们是第二语言教学研究的核心。很多第二语言研究都是为了找出在社会大学中教授和学习第二语言和外语的可能性和实验性。因此，"第二语言教学研究中的重要社会背景"首先对许多不同类型的二语学习者进行了研究，这些学习者在他们的生活中有不同的语言学习需求和目标。重点关注那些在不同地点、机构、政治和教育系统学习第二语言和外语的人，他们的直接目标是达到不同程度的二语/外语熟练程度，以实现他们的教育、职业、学术、专业、职业和交际目标。在 L2 研究中，每种研究方法都有其优点和缺点，本章中介绍的五种方法中的每一种都讨论了收集和分析数据的明显不同的方法。通过研究可以具体学到什么，关键取决于收集数据和从分析中得出结论的方法。

"应用语言学和第二语言研究"，本部分涵盖了不同的研究领域，如第二语言习得（SLA）、社会语言学、语言社会化、实践、社会文化研究和理论、会话分析、对比修辞和语料库研究。在这方面，应用语言学研究的结果可以为各种二语现象，如语言学习和使用过程提供大量的线索。关于年龄、认知、输出和二语学习之间关系的研究结果与应用语言学研究的关键领域直接相关。同样，基本二语技能的发展，如口语、听力、识字、语法、阅读、词汇和写作，也与心理和学习和成熟的生理过程有关。

选择任何类型主题和研究领域都是一项困难且有时不稳定的工作。在世界各地的外语或其他类型的第二语言的教学和学习这样一个极其多样化的学科中，很难确定毫无例外地适用于第二语言世界中所有类型的人类的共同特征。广义地说，为了确定语言研究人员和实践人员的职业定义，以及在世界许多地区所有类型的二级语言专业人员研究和感兴趣的主题以及重要领域，国际研究领域采取了三管齐下的办法，涵盖对直接或间接影响二语教学的所有因素的研究：

1. 作为出发点，编制了数十个国家和跨大陆的各种专业协会和组织的部门、附属机构、特殊利益团体以及内容和主题领域，确定研究主题、内容领域和价值观。

2. 为了关注流行性和相关性，收集了研究和专业会议、学院演讲和研讨会上强调的相关主题。

3. 最重要的是，对过去二十年出版的L2研究进行了全面而广泛的实质性审查，随着学科知识的扩展和深化，每年在数百种期刊和书籍上发表大量的研究和教学工作，这起到了核心作用。

第二次世界大战结束后，人们对第二语言（L2）学习进行了大量的研究。随着时间的推移，研究人员逐渐认识到第二语言学习的巨大复杂性及其诸多方面，对这一知识领域的研究变得更加多样和复杂。例如，在20世纪40年代和50年代，二语研究致力于深入了解学习二语所涉及的社会、政治、文化、心理、认知和交际过程，人类社会、政治结构不断演变的复杂性以及日益增长的全球化步伐也导致了新型学习者和学习需求的出现。

教师教育和应用语言学项目的研究人员、研究生和教职员工、教师、教师培训师、课程和材料开发人员或其他对该领域感兴趣的人学习另一种语言，不可避免地会带来与语言及其使用相关的各种问题，例如学习者的第一和第二文化身份和对二语和外语教学活动的不同观点。第二语言教学中的其他关键因素及其机构功能涉及评估和测试，以及对语言政策和语言权利的研究，因为它们对社会结构、学校教育、教师培训和规划有直接影响。

L2/FL研究的突出领域包括，例如：世界上许多国家的双语教育系统和学校中的学龄儿童；小学和高中学生是移民或移民补助金或其他类型人口的子女，他们为了寻找工作或安全的生活场所而改变语言、社区和国家。

移民，包括熟练和非熟练工人、受过培训和教育的专业人员以及跨国公司的员工。成人教育、职业教育和大专课程中的成人学习者。在本国以外的国家攻读学位的学生。主要（有时专门）在课堂上学习英语作为外语（EFL）的大学生。多语言国家、地区和社区的居民，他们在日常交往中都使用英语作为通用语。

在这些人中，不同类型的第二语言学习者和使用者有不同的学习和使用另一种语言的原因。

他们的学习目标不同程度地影响着二语技能的发展。例如，需要确保就业和重建社会网络的成年移民的第二语言学习过程和目标明显不同于上学的学龄儿童，或在英语国家的学院和大学就读的国际学生。实际上，第二语言或外语的使用目标决定了学习的地点和方式。因此，对语言使用和语言学习环境的关注试图涵盖居住在L2/FL世界中的许多类型的人，而不考虑特定的地理位置。

玛格丽特·霍金斯（Margaret Hawkins）重点研究小学第二语言教学。讨论语言学习和学校教育是位于学习者和机构的社会世界中的社会过程，包括学生语言、学习、文化和身份之间的广泛联系，还将第二语言教学作为权力关系中的一个结构进行了研究，权力关系塑造了语言和学校教育中的学习和互动。这些权力关系，尽管是通过互动而产生的，也是通过机构和社会中更大的话语而形成的。

帕特丽夏·达夫（Patricia Duff）致力于中学英语作为第二语言（ESL）教学的许多模式和程序设计。本章回顾的许多研究的一个总体发现是，中学生及其教师面临的挑战非常巨大，从基本的社会化和定居到口语发展和学术文学的发展。此外，这些学生经常经历极端的社会孤立，对他们的学术和语言发展感到失望，其中是因为他们自己或家人和学校的期望很高。

然而，根据达夫的说法，最近的许多资源为这些学生在最初和持续的语言和识字发展过程中提供了有益的支持。

苏珊·卡金（Susan Carkin）考察通常在正式学术背景下使用英语进行学术研究的结果。第二语言/外语教学中的EAP状态包括学生、专业人员和非专业人员在职业环境中使用英语。EAP是跨多个学科教授的，包括学习和学习技能，包括广泛相关的学术技能。总体而言，EAP关注的是教育学流派（如论文考试和学期论文）的发展和向与各个学科相关的越来越真实的流派的过渡。这种对通过学术任务、文本和内容学习学术语言的关注是 EAP 教学的一种高度实用的学习方法的基础，包括需求分析、评估、学术技能、学科内容和支持高等教育背景下学生学习的任务。

西莉亚·罗伯茨（Celia Roberts），描述了工作场所的第二语言教学。在就业环境中，工作场所代表着二语/外语教学的中心。对于学习者来说，学习的风险很高，因为教学的中心目标不仅仅是提高员工的语言技能，而是改变各级员工的沟通模式和假设的可能性。工作场所的二语/外语研究需要对组织谈话、写作和语言实践进行检查，这可能会成为多语言工作场所的潜在不利因素。罗伯茨指出，当工作场所成为课程时，语言教育的范围可能会扩大，包括从新技术到能力标准等问题。

布莱恩·汤姆林森（Brian Tomlinson）对英语作为外语（EFL）的语境进行了广泛的概述。EFL 是由已经在学习环境之外使用至少一种其他语言的人学习的，他们生活在一个在日常生活中不使用英语的社区。因此，学习 EFL 的社区的社会、文化和语言规范总是会影响教师和学习者对语言学习过程的期望。

现在我们来看看对小学英语学习和教学进行的研究。然而有两点需要注意：首先，有很多关于小学语言学习者的文章和实践并不代表原始的实证研究；第二，到目前为止，对小学英语语言学习的实证研究相对较少，特别是在上学的最初几年。Diane August 和 Kenji Hakuta（1998）编辑了一篇关于少数语言学生教育的研究综述，他们指出了许多尚未充分解决的问题。

他们声称：检查针对特殊人群的有效教育实践需要进行研究。

（1）教学干预和社会环境对幼儿语言、社会和认知发展的影响。

除了数量稀少的研究外，许多现有的研究都集中在一个特定的问题上，研究范围狭窄，范围有限。虽然对语言使用和学习的各个独立组成部分有更多的信息是肯定需要的，但这可能是理解语言学习和教学动态的必要条件，而不是充分条件。在前面阐述的框架的背景下，我们不仅需要确定各个组成部分，而且需要确定它们在课堂生态中相互作用的复杂方式，以支持语言的发展。

August 和 Hakuta 声称：理解第二语言习得的可变性的一个重要贡献是加深对英语熟练程度组成部分以及这些组成部分如何相互作用的理解。例如可以探讨母语和第二外语是否存在学术写作的态度和行为差异。同样重要的是双语者使用两种语言的熟练程度是如何相互关联的，以及语言和人类功能的其他领域是如何相互作用的问题。因此，在接下来，我们将讨论和描述现有的研究，记住我们不仅必须理解所提出的离散点，而且必须理解所研究领域之间的联系。

有效的教学随着我们对课堂语言学习的理解的发展，围绕着教学的问题也变得更加复杂。1986 年，Cummins 提出了一个理论模型，在这个模型中他区分了基本人际沟通技能（BICS）和认知学术学习技能（CALPS）[①]。这种区别的意义在于，在非正式的基础上进行人际交流所需的语言与成功参与校本学习所需的语言是不同的。这与我们先前关于语言不是单一实体，而是具有多种形式的讨论相一致。成功的语言使用者必须为他们试图参与的特定互动/话语找到合适的形式。康明斯和随后的研究表明，学习者需要 1~3 年时间获得 BICS。

---

① CUMMINS J. Empowering minority students: a framework for intervention [J]. Harvard educational review, 1986, 56 (01): 18-37.

<<< 第四章 实践问题

　　目前 Feal 领域内外的研究人员都在关注特定于内容的知识形式以及表示和声明这些知识所需的语言。这项工作主要是在数学、科学和社会研究领域完成的，除了英语/语言艺术外，这些被认为是学生在学校取得成功必须掌握的"核心"领域。被问到的问题是：科学家（或数学家或历史学家）是如何谈论、思考和行动，以便成功地参与到学科的话语社区中？我们如何让学生们像科学家（或数学家或其他的科学家）那样说话、思考和行动？这与将课堂概念化的转变是一致的，即学习者的社区，学习新的话语社区和伴随的语言形式。在 FEAL 中，研究人员已经探索了使用特定于数学、科学和社会研究的语言的方法，以确定与这些领域相关的特定语言形式，以及它们可能带来的困难。

　　确定在个别内容领域使用的特定语言形式，突出了家庭语言和学校语言之间的差异，如前所述，对于非主流背景的儿童来说，这两者的差异更大。它告诉我们区分"社会"语言和"学术"语言的重要性。教师有责任在教学中处理和纳入特定的语言形式、特征和功能。从学校教育的早期开始，有必要使儿童社会化到具体的语言实践中。为了扩大这个讨论，我们将转向科学领域的当前研究和对话。

　　小学里的科学探索工作数量虽少，但在不断增加，特别是涉及不同的学习者。研究人员正在探索"日常语言"和科学过程之间的关系，重点是确定如何将儿童的第一语言作为一种"智力资源"。大部分研究着眼于嵌入文化的交际风格与学校重视的交际风格之间的差异，并探索旨在最大化和验证家庭和社区的言语和互动风格的教学方法（Fradd &Lee，1999），以服务于科学探究。

许多研究都在探索英语教学方法中的半结构化访谈、反思和课堂观察，用于收集来自高等教育参与者样本组的数据。结果表明在课堂上采用探究式教学和交际式教学，可以使学习者提高多产性和创造性。为此，建议英语教师创建第二语言学习环境，将涉及文化和现实生活背景的主题融入教学中。

回顾已在许多语言杂志上发表的有关研究，如《语言学习》《现代语言杂志》《应用语言学》《TESOL季刊》《加拿大现代语言评论》或《第二语言习得研究》。这些研究提出了与实际研究相关的问题或假设：

（1）与专为课堂编写的材料相比，真实的材料是否更能有效地促进学习？

（2）学习第二语言与学习第一语言是否涉及相同的心理语言学过程？父母如何帮助孩子学习语言？学习者在与同性/异性互动的方式上是否存在显著差异？

（3）来自同一种族背景的学习者在第一语言和第二语言的课堂上是否有共同的学习策略偏好？

（4）教师应使用不同的语言和互动模式进行互动吗？

（5）当教师与学生分享决策时会发生什么？

（6）学龄前儿童的语言与最终学业成就之间是否存在正相关关系？听力课文的难度是否受听者对相关主题的背景知识储备的影响？

（7）是否有一个语言习得的关键时期，在此之后习得第二语言要困难得多？孩子们在习得第一语言时是否有意识地尝试制定规则，还是有一个潜意识的过程？

ESL（以英语为第二语言）教学习惯和实践是什么？这些实践

表明了英语教学的总体质量状况,我们可以从这些发现中获取一些经验,从而提供有益的改进建议。

本部分探讨作为第二语言习得研究方法的质性研究。首先,概述了质性研究的哲学基础、特征和质性研究价值的传统。其次,设计和实施定性研究项目的过程,包括数据收集和分析。最后,提出了研究项目和问题,以供进一步研究讨论和应用提出的概念和方法。

语言科学是真正的跨学科研究领域,包括广泛的研究重点、方法和目标。而各种其他知识学科都做出了贡献,丰富了整个领域的方法论观点。因此,现代语言学借鉴了心理学、计算机等领域的最新科学研究成果,涉及生物学、神经科学和认知科学、社会学、音乐、哲学和人类学。该领域的跨学科性质既带来了挑战,也带来了机遇。

第二语言习得研究从其他领域得出了其研究方法工具和结论,包括教育学、语言学、心理学、社会学等。部分原因在于第二语言的方法研究经常根据其他领域发展而演变。为了我们自己领域的发展设计研究并确定适当的调查方法。研究方法取决于设计用于调查的理论。因此,研究问题与适当的研究方案密切相关。

二、如何使用外语和第二语言学习者语料库

学习者语料库研究(LCR)起源于 20 世纪 80 年代末的理论和实践。虽然语料库语言学还相对年轻,但已经对语言产生了巨大的影响。它的主要贡献分为三个方面:频率、变化和共文本。第一,共同使用大量的自然语言数据和强大的自动分析功能。第二,提供代表不同语言变体的语料库比较(如英国英语 VS 南非英语)、时态

(19世纪 VS 20世纪)、文体(非正式对话与学术写作),有帮助揭示每个变体自身区别于其他变体的显著特征,并有助于我们欣赏语言固有的多样性。第三,计算机很容易识别单词的直接上下文,即它们的上下文共同文本,证明了词汇和语法之间的相互关系有助于更好地理解语言的组合。

学习者语料库数据属于更开放的二语习得数据类型(Ellis,1994),即自然语言使用数据和临床数据。自然语言使用数据是由使用第二语言的学习者出于交流的目的,语料库是"真实的",数据"从人们正常生活中的真实交流中收集"。然而,完全自然的数据很难收集,学习者很少有机会在真实的日常情境中使用第二语言。因此,学习者语料库研究者们经常求助于临床数据,也就是开放式引出的数据,如书面作文或者口头采访。实验数据,如填空练习,强迫学习者在有限的选项中进行选择,而不是允许他们选择自己的语言,显然超出了学习者语料库的范围。在完全自然数据和完全实验数据之间,存在着广泛的差异。

如何有效使用外语和第二语言语料库?例如,为了让受试者产生足够的动名词和补语的语料库相当大,往往超过100万字。研究人员需要等待很长时间。可以在小语料库的基础上进行调查,而高频词除外,收集量要大得多是必须的。此外,在评估语料库的规模时,应该不仅要考虑语料的总数,而且要考虑生成数据的学习者人数。

之前收集的学习者产出数据由于缺乏严谨性已经受到许多研究人员的批评质疑,克服这一困难的方法之一是补充人种学数据和其他数据,例如学生接受标准化问卷(动机测试、能力倾向测试、一般测试、能力测试、词汇测试）。研究人员最近开始用其他数据补充学习者语料库数据类型，特别是实验数据。在早期 LCR 中，学习者语料库数据和实验数据被认为是不相容的，研究者起初表示怀疑，而现在已经看到两者结合的好处。

（一）研究问题

（1）高级法语英语学习者在使用 make 搭配（数量和质量）方面有何种优势？

（2）学习者在某方面的表现和能力是否有所不同？

（二）方法

（1）错误分析与 CIA（学习者与母语者的比较）相结合。

（2）所用语料库：法国 ICLE 和 LOCNESS 亚语料库。

（3）软件工具：WordSmith 工具。

（三）统计工具

使用卡方检验和独特的 Collexeme 分析。

语料库研究结果表明，说法语的学习者并没有使用 make 搭配时的错误，但它们往往使用不足，而且倾向于在法语中有直接对等词的搭配。另一方面，法语的学习者的判断能力也要差得多。

近年来，学习者语料库如雨后春笋般涌现，类型也逐渐增多。但是，可以确定它们的许多维度不同，如收集时间、收集范围、目的语（L2）、学习者的母语、文本类型。学习者语料库包含的学习者写作或演讲样本来自单个时间点，而纵向学习者语料库在特定时间段跟踪相同的学习者。

三、收集范围

本地学习者语料库由教师收集，其正常活动的一部分直接作为教学活动的材料。全球学习者语料库间接地为学习者提供了数据。他们可能具有相同的母语背景、相同的熟练程度。因此，本地语料库学习者既是数据的制造者又是数据的使用者。

虽然可以从严格的理论角度进行语料库研究，但许多开展的学习者研究目的是改进教学工具和方法。从学习者语料库洞察中获益最多的领域是词典编纂、课件和语言评估。《麦克米伦高阶英语词典》中收录描述如何使用学习者语料库和母语语料库数据设计学习材料。材料由错误注释组成，旨在提醒学习者注意常见的陷阱和错误，对作者撰写的学术文本进行了错误标记和分析。针对高频错误，专家为中国学生设计了一个名为 Grammar Talk 的在线自学补救方案。第三个从语料库中获益的领域是语言评估，学习者语料库可以帮助实践者选择和排名测试特定熟练程度的材料。与自然语言处理相结合的技术，也可以用于绘制学习者熟练程度的自动配置文件。例如，Direct Profile Analyzer 为第二语言法语的学习者提供语法概要，并可用于评估学习者的语法水平。

四、语言测试评估与反拨

各个学科的研究者经常使用量性和质性的研究方法来开展研究。因此，研究人员两极分化，量性和质性的研究方法在不同的教育学科中的使用相当频繁，如社会学、心理学、历史学等。在这些方法中，存在着所谓的范式战争，研究人员属于截然不同的解释主义和实证主义阵营。实证主义研究者相信社会世界由具体的、不可改变的、可以客观量化的现实组成。然而，解释研究者反对实证主义的现实信念，相反，他们认为现实是由人类社会建构的，可以主观改变和理解。围绕范式战争，关于研究方法的优越性存在着一些争论：质性是否优于量性。在这方面，有必要强调历史上出现的范式是为了理解研究领域中占主导地位的方法。20世纪上半叶，实证主义模式在社会和教育研究中占主导地位。重视使用标准化测试、系统观察、实验、调查数据以及统计分析。换而言之，量性研究方法非常有效。但是，20世纪60年代，出现了符号互动主义等新方法民族志，批评研究、女性主义、现象学、话语分析等形式，也就是说，研究方法从量性转向了质性，量性研究的优势已经没有以前强大了。

但是，无论是量性研究和质性研究都各有利弊。因此，本节研究的目的在于探讨在语言测试和评估中研究使用两种方法的优势和劣势。在语言测试这门课的讲授过程中，作者发现了使用语言"评估和测试"的质性研究方法，优点是对设计、管理和解释评估和测试，探索考生的行为，感知、感觉和理解。缺点是：样本量和时间较小、较短。另外，量性研究方法的优点是涉及更大的样本，不需要相对较长的数据收集时间；但存在一些局限性，如不深入，忽略考生和测试人员的经验以及他们的想法。在这两种研究范式中，量性研究范式占主导地位。同样，语言测试作为一个研究领域，涉及大量的方法和途径，例如，Shizuka Kumazawa使用的VELC测试，分数解释技术；探索性因素分析（EFA）和验证性因素分析（CFA）；剑桥英语语言测试行动研究（Borg，2015）。

在一般意义上，考试不及格、及格、平均、满意、良好、非常好是证明一个人能力高低的标准。学术考试可以检查学生的进步，并检验学生是否需要更多的帮助。此外，测试还起到了公共政策的工具作用，如国家考试，在全国范围内以相同的标准举行，确保只有表现最好的人才能够进入下一级教育。大学入学考试（高风险测试）是一种工具。在语言测试中，测试人员关注的是考试能在多大程度上准确反映考生在考试中的特定能力，例如，阅读、撰写批评性文章、词汇知识或与他人的口头交流。与所有其他教育评估一样，语言测试是一种复杂的社会现象，但是它是教育的一个重要方面，它影响着人们在社会中的生活，如晋升、就业、公民身份、移民或庇护。另外，教育中的语言测试决定了要教什么，那么迄今为止的讨论表明，语言测试在许多人的生活中发挥着重要作用。然而，许多人强调了语言测试的有效性和可靠性，每一本与语言测试有关的书和文章都提及了测试的有效性，这是测试和评估的核心概念。

本部分着重介绍了语言测试的主流研究方法。在语言测试和评估领域，似乎使用了量化研究方法，而不是质性研究方法。语言测试和评估（LTA）领域已经传统上以定量范式为主。因为语言测试人员继续使用统计方法测试验证。然而，量性研究技术并不是验证研究中使用的唯一方法，语言测试中使用了多种其他方法来探索测试的有效性，如内省和回顾等技术被广泛应用。在 2016 年 1 月的《华尔街日报》上，几乎所有的涉及量性研究策略的研究都被称为"语言测试"。此外，研究的统计技术在《语言评估季刊》上发表的 4 期文章中，几乎所有文章都使用了量性研究，因此，很明显，量性研究仍然是语言领域评估和测试研究的主要研究方法。

然而，质性研究方法涉及不同研究主题中的大量方法和途径。

所谓质性研究，指的是产生研究结果的任何类型的不是通过统计程序或其他量化手段得出的研究。它可以为研究人的行为提供参考，以及关于组织功能、社会功能的信息运动、文化现象和国与国之间的互动。这意味着质性研究并不重视统计数据结合了多种现实。质性研究通过收集资料来分析问题、事件或实践的主观意义或社会结果，而不是通过数字和统计。

第一，质性研究对参与者的感受、观点和经历进行了详尽的描述，解释行为的含义。这种方法用于深入了解与设计、管理相关的口译语言评估问题。

第二，有人认为，质性研究方法能全面理解特定环境中的人类经验。质性分析研究是一个跨学科的领域，它包含了更广泛的认识论观点，理解人类经验的方法。从认识论的立场来看，任何语言评估都不能脱离它所处的语境、文化和价值观。语言评估研究者开始采用质性研究，需要分析内容相关变量的问题，如考生在考试中的表现特点，对评估任务的反应策略，等等。

第三，解释主义研究方法被视为一种表意研究，即个案研究或个案研究事件，它能够理解不同的人的声音、意义和事件。在语言测试方面，质性研究技术分析受试者人行为、测试行为、对话者行为，以及在口语测试中跨文化背景对行为的影响。

第四，质性研究允许研究者发现参与者的内心体验，并对其进行分析，了解意义是如何在文化中形成的。比如，在考核方面，调查显示，评分员使用书面作业"满意""良好"或"100分中的60分"可能是为了理解"令人满意"或"良好"的含义。因此，采用质性方法的研究可以帮助我们了解评分员对评估内容的工作假设，以及分数或等级的含义。

第五，质性研究方法，如参与者观察、非结构化访谈、直接观察、描述性分析常用于收集数据。在数据收集过程中，研究人员与参与者直接互动采访。因此，采用面对面访谈和电话采访技术收集数据，激发人们的感受和看法。定性研究设计具有灵活的结构，因此，对一个问题进行彻底和适当的分析可使用定性研究方法，参与者有足够的自由。例如，研究人员承认，由于课堂动态的性质，学习者的行为可能会受到研究重点以外的众多因素的影响。在这方面，质性研究需要一种方法来捕捉这些动态。由于语言评估实践的性质也很复杂，此时建议采用质性研究方法，有助于理解语言评估的复杂特征。

五、二语习得质性研究缺点

除了上述一些优势之外，还有一些局限性是显而易见的。

首先，质性研究方法有时会忽略语境，而更多地关注意义和经验。例如，现象学方法试图揭示、解释和理解参与者的观点经验，根本没有考虑到环境对评估的影响。

其次，质性方法的结果信度较低。在教育方面，美国的决策者试图量化教师和学生的表现，在许多社会科学中，量化研究往往得到更多的关注。

再次，纯粹的质性研究可能会忽略社会和文化结构研究变量。例如，一名学生在阅读或数学方面有困难，定量测试分数可能表明教师需要反思改进。但是考试成绩还要考虑到课堂环境、学生的家庭生活和其他关键因素的影响。

最后，对个案的分析需要相当长的时间，其结果的适用范围非常有限。例如，如果立法者需要投票表决某个问题，就不能等待三个月进行质性研究。同样的，在语言测试和评估研究方面，为了在短时间内制定新政策，决策者可能会用量性研究而不是质性研究。

六、伦理问题

研究的伦理问题的智力分析。它包括道德义务、权利、责任、正确与错误、选择等相关的研究基础性研究，探讨了科学的基础，分析的信念，和发展的方式来指定知识基础如何改变。道德伦理问题是无数科研最重要的问题。比如在参与者的"知情同意"中，需要了解谁在进行这项研究，以及研究结果的机密性，以及参与者的匿名性也至关重要。通过电子邮件发送的材料没法保证机密性，因为它们可以很容易转发和复制。黑客可以访问公共或私人组织的客户数据库。保密性是绝对不可侵犯的，特别是当记录涉及可能要竞争入学和考试的学生时，保密是语言测试人员的责任。

Hammersley and Traianou（2012）提出了五条公认的原则：最大限度地减少伤害，尊重自主，保护隐私，提供互惠，公平对待他人。在语言方面，测试中语言测试人员应尊重每位考生的人性和尊严（ILTA，2016）。因此语言测试中的一个常见做法是制定两个准则，比如道德准则以及业务守则。前者侧重于道德规范原则，而后者则强调职业道德和理想。然而，这些原则部分似乎有争议，例如，允许参与者决定是否参与研究意味着让他们面临伤害的风险。因为伦理原则由于文化差异，可能会在一些问题上有分歧。许多发展中国家没有任何社会科学的正式伦理审查程序。

质性研究，会面临与伦理考虑相关的挑战，例如，深度访谈和观察可能具有侵入性，因为涉及人们的隐私问题。道德问题主要出现在采用质性数据收集方法的研究设计中，因为研究者与被研究者之间有着密切的关系。事实证明，没有简单、绝对的规则来决定特定的研究实践或方法是否合乎道德。除此之外，在一个社会或文化中被视为"道德"，在另一个社会或文化中未必如此。不同的文化对道德或伦理有着不同概念，道德原则不能完整的或绝对的普遍适用。

这项研究旨在批判性地审视两种重要的研究范式。可以说这项研究已经达到了目的，因为它演示的每一种研究方法和途径，都有伦理道德方面的考虑。使用质性研究的好处是人们更深入地了解设计、管理和评估，易于理解候选人行为、采访者行为、对话者行为，以及在测试期间对行为的跨文化影响，理解分数或等级的含义，以及语言评估的复杂性。然而，局限性在于小样本量会导致结果不可靠、不通用，决策者可能不会要求进行质性研究。另外这项研究已经发现了在语言测试中使用量性研究的优势，如较大规模的样本和变量，使测试研究值得信任。然而量性研究缺点是忽略了某一特定事件的影响和意义。

本节讨论了与语言学习和使用研究相关的一些中心主题。笔者认为，虽然量性、质性研究之间的区别在许多方面过于简单化，但它确实代表了一个现实的问题。两者区别是一种哲学上的区别，并不总是反映在实证调查中。量性研究的基础是实证概念，即研究的基本功能是揭示独立于研究的事实和真理。质性研究者质疑客观现实的概念。在下文中，我们将更详细地讨论这些问题，介绍实验方法的使用，还将研究统计学的使用和推理统计学的逻辑，这使我们能够在我们所研究的学科之外对更广泛的人群进行概括。

第三节 数据分析

本节分为两部分。一部分是数据类型，包括之前章节讲过的二语习得中通常研究的广泛数据的代表性类型，包括两种较新的数据类型，如学习者语料库，以及更多的传统研究数据，如案例研究。另一部分是数据编码、分析和复制，介绍元分析等主题，简要总结如何使用外语和第二语言语料库，涵盖了学习者语料库研究，涉及书面或口头文本的计算机化数据库研究并解释它们是如何结合在一起的。

研究者们试图找出人们语言理解过程和语言的加工产出机制。研究第二语言习得，对实证研究数据进行分类收集、编码、分析和解释，目的是理解第二语言学习过程，例如对第二语言阅读研究，阅读是一种多维结构，涉及广泛的技能，取决于学习者内部和外部因素。不同的习得方法将阅读视为一种认知或社会文化，重要的是澄清相关的理论和方法，推动研究问题进展。英国经济和社会研究委员会（ESRC）最近向英国约克大学和美国乔治城大学对于"第二语言研究工具"（IRIS）项目提供支持，该项目数据库拥有广泛的参数（包括调查中的第一语言和第二语言、类型、学习者年龄等）。IRIS项目旨在使选择和定位数据收集工具的过程更加精简和高效。

社会文化理论、第二语言社会化兴起和学习者身份等框架已经得到了广泛的应用，为该领域带来了重要的见解。质性研究是一门科学，读者通过设计过程进行研究，包括质性数据的理论和实践方面的收集和分析。在第二部分中，我们不再关注数据类型，而是关注如何分析和编码数据的输入。第二语言习得研究的数据编码涉及对原始数据进行组织和分类，以便进一步分析和解释，解释与编码相关的概念的信度和效度。

一、外语教学中的质性数据分析

质性研究中收集的数据是文字或口头形式的报告，不像量性研究人员那样以数字表示。数据收集可以通过观察、访谈和文件，可以是自发的、现场的、有计划的、参与式的观察和结构化的、非结构化或深度访谈、正式或非正式文件。笔者认为最重要的是：参与者观察；深度访谈；记录。在质性研究中，数据分析与数据收集同时进行。例如，在访谈进行期间，研究人员可能正在分析先前收集的数据，撰写备忘录，在最终报告中以叙述的形式结束。另一种方法是研究者收集质性数据，然后针对多个主题或视角进行分析，报告4~5个主题。

关于质性研究的效度和信度，一些作者提出了疑问或困惑。质性研究效度是指研究者通过采用某些程序，对调查结果的准确性进行评估，同时进行评估研究。数据显示有效性分为内部效度和外部效度两种。内部有效性意味着研究设计的准确性与研究结果一致。

以下是提高研究效率的一些策略：

（1）对不同的信息数据源进行三角测量。

（2）确定调查结果的准确性。

（3）使调查结果具体化。

（4）以表格形式呈现文本信息，如矩阵、表格、图形等。

在质性研究中，数据收集和分析同时而且是连续进行的。数据收集开始时，可以进行个案研究设计。编码是跟踪收集数据的一个简单但至关重要的过程，在宏观和微观层面上对数据进行编码，以帮助跟踪信息量。在宏观层面上，所有现场记录、总结、访谈、文档等必须进行编码、注明日期，以便日后快速访问。在微观层面上，编码服务于分析功能。换句话说，必须向读者解释如何在堆积如山的数据中找到证据支持自己的推论，并在编写报告时解释其含义。

二、编码

编码涉及识别和记录一段或多段文本或其他数据项，如说明相同理论或描述性想法的图片部分。因此，所有关于同一事物或例证该事物的文本都被编码为同一名称。

三、寻找主题

寻找与研究问题相关的数据和重要信息。

主题的关键性不一定取决于可量化的信息，而取决于它是否抓住了与整体研究问题相关的重要内容。分析代码，将不同的代码组合成一个总体主题。思考代码和主题之间的关系，以及不同级别的主题之间的关系以得到一个潜在主题和子主题的集合，将所有相关的数据都编码到该集合中。

民族志是在人类学中发展起来，研究人类社会和文化的实践活动，这种研究方法在 20 世纪 60 年代末开始被教育界所接受。它通过将课堂实践置于更大的政治背景中来批评课堂实践。

民族志的目的是观察了解、描述和分析社区实践，需要长时间纵向研究。民族志数据的收集方法包括：初步观察和现场记录、访谈、文物收集和文化显著性记录。

在人种学中，研究人员通常会在研究现场学习一学期或更长时间，定期观察和记录课程，采访教师、学生、家长和学校工作人员，收集课本、讲义、试卷和学生记录。研究人员采用参与者观察的方式，直接参与社区的活动。

民族志学家也可能在课堂外进行观察，如在学生的家里或当地社区。

人类学家称深度描述（thick description）为一种富有内涵的详细描述。这是通过三角测量完成的，应用多种方法、理论、观点、数据来源对结果进行了分析。

质性数据看起来不像量性数据，其形式是由所选方法决定的。一般质性数据收集技术包括访谈、小组、人种学、社会测量学、史学和案例研究等。每种方法都有优点和局限性，例如在程度、收集过程中核校机会的差异以及是否接近自然场地。根据研究人员在场情况确定偏差的设置和数量。生成的数据片段可能有文本、音频视频文件、照片或现场笔记的形式。当研究者选择数据收集策略时，重要的是要意识到这些策略将产生的影响。现场数据收集可能需要很长时间，在这段时间内，研究者可以不断反思、分析并调整研究。应对数据仔细标记和组织，以便于进行持续分析。这个分析过程包括理解以文本、图像、音频或视频格式记录的数据。

数据分析包括以下步骤（Creswell，2009）：

（1）组织和准备分析数据。

（2）通读所有数据。对信息有一个大致的了解，并对整体进行反思。

（3）根据具体的理论方法进行分析（如叙述、内容、扎根理论、语篇、档案、符号学和音位分析技术）。

（4）生成描述，并从编码中识别主题。

（5）展示研究报告中的数据。

（6）解释数据的含义。

计算机辅助质性数据分析软件的使用。今天的研究人员可能会以电子方式存储自己的数据。除了存储和组织，计算机软件程序也有助于对大量数据进行索引和排序。计算机辅助定性数据分析软件 Q-DAS 用于数据编码和分类。软件将不会阅读文本并决定内容，它意味着研究人员仍然是分析的主要工具，软件只是提供帮助分析的工具，所以研究人员必须学习数据分析方法。

以下是使用软件程序来促进分析的方法：

（1）记笔记；

（2）编辑；

（3）编码；

（4）存储数据；

（5）数据检索；

（6）数据链接；

（7）备忘；

（8）执行内容分析；

（9）显示数据；

（10）得出并验证结论；

（11）建构理论；

（12）以图形方式映射数据；

（13）撰写报告。

四、信度和效度

质性研究项目中的信度与效度的解释与传统研究项目大不相同。信度是对响应的稳定性或一致性的检查。为了增加项目的一致性和可靠性，需要记录所有程序，制订详细的计划。

效度包括：检查是否有明显错误编码，确保代码的定义或应用。如果与团队合作，协调并记录会议。通过比较独立得出的结果，与不同的研究人员核对代码。在程序上，研究人员可以通过采用多种有效性策略的组合来提高调查结果的准确性，如三角测量。

五、提供数据

研究结果最终将以书面形式呈现给更广泛的受众。从理论上讲，结果可以采取以下形式：按时间顺序叙述个人的生活（叙事研究），对经验的详细描述（现象学），数据（扎根理论），文化共享群体的详细描述（民族志），深入研究一个或多个案例的分析（案例研究）。定性研究的结果应包括从数据中衍生的主题、对主题的全面描述以及从多个视角来详细描述。

第四节 抽样

质性抽样可能令人困惑,特别是关于抽样方法的知识来源于推断统计的框架。虽然不是基于统计理论,但确实存在一些进行质性研究的基本抽样原则。本节将介绍一些量性抽样的策略,对其进行简要概述并与质性抽样进行对比。

一、量性与质性抽样

量性研究人员使用随机选择方法收集大量数据。这一前提的基本原理来自推断统计,假设样本来自特定人群。从给定总体中抽取的随机样本越大,每个选定样本的变化越小,且给定总体的代表性越强。对这些数据进行的分析可以是描述性的(如样本的描述)或推断性的(如从样本中得出的总体参数估计)。数值数据用于描述样本、检查关系以及确定变量之间的因果关系。相比之下,质性方法寻求整体代表性,并提供所研究现象的背景知识。质性研究的目标之一是增加对现象的理解,而不是将从样本中推断的数据推广到整个人群中。质性研究人员没有对一般性研究结果进行两性研究,而是对研究结果进行丰富的描述,以便将其推广到其他情况。质性研究者需要提供包括足够的样本背景描述,以便其他人能够充分判断研究结果是否适用于他们自己的情况。例如,研究中的人群可能是上海某中学的英语学习者,而实际样本可能涉及三个中学班级。也就是说,研究的目标人群包括调查结果将应用或推广到所有人。一个好的样本具备最重要的一般特征（例如，年龄、性别、种族、教育背景、学术能力、社会阶层或社会经济地位）以及与研究关注的变量相关的所有更具体的特征方面与目标人群非常相似（例如 L2 学习背景或接收的 L2 指令的数量和类型）。也就是说，样本是代表整个总体的总体子集。代表性问题至关重要，从所选小组的结果中得出的结论的强度取决于特定样本代表的准确程度。通过采用适当的抽样程序来选择较少的调查对象，可以节省大量的时间、成本和精力，并且仍然可以得到准确的结果。

从广义上讲，抽样策略可分为两类：第一，科学合理的"概率抽样"，它涉及复杂和程序；第二"非概率抽样"合理性地使用普通研究人员力所能及的资源进行采样。

二、理解质性抽样

抽样策略：

（1）有目的的抽样。

（2）取样单位（人员、现场、案例等）。

（3）样本量、采样时间安排。

研究人员有许多可供选择的样本，可能来自理论、方法或简单的实践。研究的目的是选择定性样本的决定性因素。因此，要有目的地选择一个样本，并且可以使用许多抽样策略。研究人员经常在收集数据的同时进行数据分析。因此，在研究过程中，研究人员要知道何时有足够的参与者，从而有足够的数据。在收集足够的数据确定主题或类别后，如果接下来的几个参与者的经验与现有的主题或类别一致，则研究结果是完全准确的。这意味着研究者验证了研究的现象，无须进一步收集数据。

研究人员可以使用不同类型的采样技术，但如果选择最简单的方法，对成本、时间和精力方面要求较低，导致研究成果差，因此很难说服他人。让我们分别深入了解每种抽样类型。

（一）概率抽样

在概率抽样中，总体中的每个个体都有相等的被选中的机会。概率抽样给了我们最好的机会去创造一个真正代表总体的样本。最常见的方法是使用随机或概率样本。随机样本人口的性质已确定，所有成员有平等的选择机会。样本量越大，结果越准确。随机抽样产生误差的可能性较小，但由于采样误差与平方成反比，最佳样本大小取决于现象的参数。为了得到有效的发现，在定性研究中，即使有可能，也没有必要从每个人那里收集数据对于任何给定的研究，只选择人群的一个样本（即子集）。研究人口的规模和多样性决定选择哪些人以及选择多少人。

概率抽样类型有四种：

1. 简单随机抽样

这是你一定会遇到的一种抽样技术。在这里，每个人都是随机选择的，人口中的每个成员都有被选择的机会。简单随机抽样可减少选择偏差。

2. 系统抽样

在这种类型的抽样中，第一个个体是随机选择的，其他个体是使用固定的"抽样间隔"选择的。

3. 分层抽样

在这种类型的抽样中，我们根据不同的特征，如性别、类别等，把人口分成子组，称为层。然后我们从这些子组中选择样本。

4. 整群抽样

在整群抽样中，我们使用总体的子组作为抽样单位，而不是个体。全体样本被分为子组，称为群，并随机选择一个完整的群作为抽样样本。

（二）非概率抽样

在非概率抽样中，所有元素被选中的机会都不相等。因此，非概率抽样存在一个显著的风险，最终得到一个不具代表性的样本，不会产生可推广的结果。例如，假设我们的样本由20个人组成，每个个体的编号从1到20，并由特定的颜色（红色、蓝色、绿色或黄色）表示。在概率抽样中，每个人被选中的概率是1/20。对于非概率抽样，这些概率是不相等的。一个人被选中的机会可能比别人大。

接下来介绍的是定性分析中使用的四种最常见的非概率抽样方法：便利抽样、目的抽样、配额抽样和雪球抽样。

1. 便利抽样

在大多数涉及质性分析的抽样选择方法中，便利抽样可能是最简单的抽样方法，因为个人的选择基于他们的可用性和参与意愿。便利抽样容易产生显著的偏见，因为抽样可能不能代表特定宗教或性别的人群。

2. 目的抽样

第二种抽样技术是目的抽样或所谓的判断抽样，这是使用最广泛的抽样方法，尤其是在质性研究中。根据不同的情况对参与者进行分组，预先选择与特定研究问题相关的标准。在数据收集之前，样本大小可能是固定的，也可能不是固定的，这取决于可用的资源和时间，以及研究的目标。目的性抽样需要根据事先确定的标准研究问题。这意味着样本量可能是固定的，也可能不是事先固定的。目的抽样可能采取最大变异法的形式，研究人员在该方法中识别不同的目标人群的特征，然后选择与目标人群相匹配的受试者样本确定的特征。

3. 配额抽样

第三种是配额抽样，有时被认为是一种有目的的抽样，也很常见。配额抽样，在设计研究时决定有哪些参与者具有以下特征，包括年龄、居住地、性别、阶级、职业、婚姻状况、学习方法的使用、经济收入状况等，关注我们认为最需要了解的人，深入了解研究主题。然后进入社区，寻找与这些标准相匹配的人群。直到达到规定的配额。在这种抽样中，根据预先确定的总体特征来选择样本。

4. 雪球抽样

第四种类型的抽样是雪球抽样。雪球抽样被认为是有目的的抽样方法之一，研究人员从选定的个体中发现可能与调查有关的信息。这种方法依赖于研究者的经验，能够识别可能影响受试者对所提问题的回答的变量，以及利用从相关变量中获得的知识选择研究样本。变量的选择将取决于研究人员对其研究领域的知识，从相关文献中获得的信息，以及从正在进行的研究中获得的线索。雪球抽样通常用于发现和招募"隐藏的"群体，即研究人员不容易通过其他抽样策略接触到的群体。现有的人被要求推荐更多他们认识的人，这样样本的大小就会像滚雪球一样增加。当抽样框架难以识别时，这种采样方法是有效的。我们随机选择了1个人作为样本，然后他推荐了6个人，6个人推荐了11个人，依此类推。但是，雪球抽样有很大的选择偏见风险，因为被引用的个体将与推荐他们的个体具有共同的特征。这种方法中，参与者利用自己的社交网络为研究人员提供推荐。如图 4-1 所示。

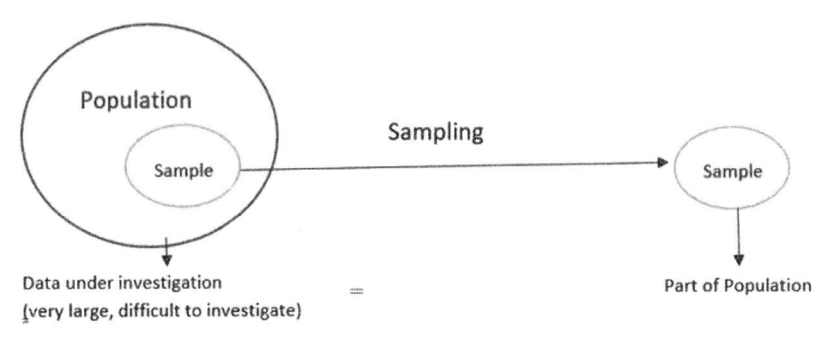

图 4-1

抽样是为了从样本中得出关于群体的结论，它使我们能够通过直接观察样本（整体的一部分）来确定整体的特征。

（1）选择一个样本比选择一个总体中的所有个体所需的时间更少。

（2）样本选择是一种经济有效的方法。

（3）对样本的分析比对整体的分析更方便、更实用。

三、抽样步骤

图 4-2 展示了以流程图形式抽样的步骤。

第四章 实践问题

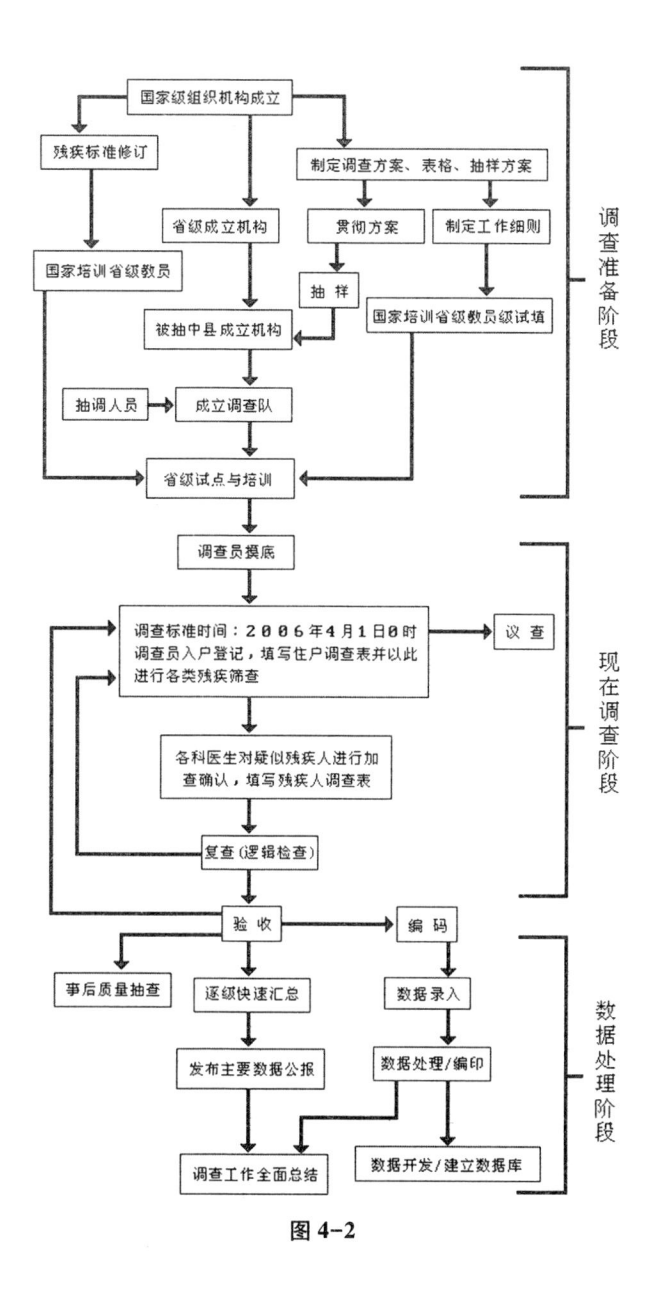

```
                    ┌─────────────────────┐
                    │   国家级组织机构成立    │
                    └──────────┬──────────┘
          ┌────────────────────┼────────────────────┐
          ▼                    ▼                    ▼
   ┌──────────────┐     ┌──────────────┐   ┌──────────────────────┐
   │  残疾标准修订  │     │  省级成立机构  │   │制定调查方案、表格、抽样方案│
   └──────┬───────┘     └──────┬───────┘   └──────────┬───────────┘
          │                    │                      │
          ▼                    │            ┌─────────┴────────┐
   ┌──────────────┐            │            ▼                  ▼
   │国家培训省级教员│            │      ┌────────┐         ┌──────────┐
   └──────┬───────┘            │      │贯彻方案 │         │制定工作细则│
          │                    │      └────┬───┘         └─────┬────┘
          │                    │           ▼                   │
          │                    │      ┌────────┐               │
          │                    │      │ 抽 样  │               │
          │                    │      └────┬───┘               │
          │                    ▼           │                   ▼
          │           ┌──────────────┐     │       ┌──────────────────────┐
          │           │被抽中县成立机构│◄────┘       │国家培训省级教员级试填 │
          │           └──────┬───────┘             └──────────┬───────────┘
          │                  │                                │
   ┌──────┴───────┐    ┌────┴────┐                            │
   │  抽调人员    │───►│成立调查队│                            │
   └──────────────┘    └────┬────┘                            │
                            │                                 │
                            ▼                                 │
                   ┌──────────────┐                           │
                   │ 省级试点与培训 │◄──────────────────────────┘
                   └──────┬───────┘
                          │                              调查准备阶段
                          ▼
                   ┌──────────────┐
                   │  调查员摸底   │
                   └──────┬───────┘
                          │
        ┌─────────────────▼──────────────────┐
        │ 调查标准时间：2006年4月1日0时         │       ┌──────┐
        │ 调查员入户登记，填写住户调查表并以此  │──────►│议 查 │
        │ 进行各类残疾筛查                    │       └──────┘
        └─────────────────┬──────────────────┘
                          ▼
        ┌────────────────────────────────────┐
        │各科医生对疑似残疾人进行加查确认，       │
        │填写残疾人调查表                      │
        └─────────────────┬──────────────────┘
                          ▼
                  ┌────────────────┐
                  │  复查(逻辑检查) │                 现在调查阶段
                  └───────┬────────┘
                          ▼
                  ┌────────────┐           ┌────────┐
                  │   验 收    │──────────►│ 编 码  │
                  └─────┬──────┘           └────┬───┘
             ┌──────────┼──────┐                │
             ▼          ▼      │                ▼
      ┌──────────┐ ┌──────────┐│          ┌──────────┐
      │事后质量抽查│ │逐级快速汇总││          │ 数据录入  │
      └──────────┘ └─────┬────┘│          └────┬─────┘
                         ▼     │               ▼
                  ┌──────────────┐       ┌──────────────┐
                  │发布主要数据公报│       │ 数据处理/编印 │
                  └──────┬───────┘       └──────┬───────┘
                         │                      │           数据处理阶段
                         ▼                      ▼
                  ┌──────────────┐       ┌──────────────────┐
                  │调查工作全面总结│       │数据开发/建立数据库│
                  └──────────────┘       └──────────────────┘
```

图 4-2

第一步：抽样过程的第一步是明确定义目标群体。因此，进行某大学外语专业学习动机调查，则仅考虑符合该条件的所有人。

第二步：抽样框架（Sampling Frame）是构成样本总体的个体列表。因此，上述例子的抽样框架将是某个学校的所有人。

第三步：一般来说，使用概率抽样方法是因为每一个样本都有相等的价值。不考虑种族、社区或宗教，任何人都可以被包括在样本中。

第四步：样本量（Sample Size）是指样本中所包含的个体的数量，这些个体的数量需要充足的准确度。样本量越大，我们对总体的推断就越准确。在调查中，试图让尽可能多的不同背景的人参与抽样调查。

第五步：一旦确定了目标人群、抽样框架、抽样技术和样本数量，下一步就是从样本中收集数据。

四、结论

抽样是一种方法，它使我们能够基于子集（样本）的统计信息来获取总体信息，而无须调查所有样本。选择研究样本是任何研究中的一个重要步骤，质性研究中的抽样是有争议的。总之，质性研究人员要有目的地进行抽样，研究人员有责任根据性别、种族、年龄、社会经济阶层和任何其他相关标准来描述样本，以便他人能够了解选择该样本的方式和原因。许多策略影响样本大小和选择。研究人员必须记录定性抽样所涉及的决策过程，以便为研究结果提供可信度。在大多数情况下常用的抽样方法是严格随机抽样。比如研究人员可能会对某些中学进行严格的随机抽样，将所述学校所有学生的名字写在纸条上，纸条依次排列折叠并放入盒子中，然后根据所需研究的学生人数，挑选一些纸条。但是，严格随机抽样的问题在现实生活中的适用性有限。质性分析中的一个常用方法是有规律地选择，例如，研究者选择每一项学校登记册上的第五十个名字，或者城市名录上的每十个名字等。严格的随机抽样和有规律的选择是必要的，理论上很有吸引力，但也有一些缺点。假设从某个机构的文件中选择一些案例，由于数据不充分，因此样本量减少了。这种情况使人们怀疑较小的样本量是否合适。

另外，所选受试者可以拒绝参与研究，因此，可能会产生样本偏差问题，一些具有某些特征的个体可能不包括在最终分析中。邮寄问卷的情况往往更糟，在大多数情况下，相当大比例的被选中的参与者未能对问卷做出回应。解决这种问题的一种方法是继续向参与者发送问卷，直到研究人员收到大部分发送的信息调查问卷，但不幸的是，大多数研究人员似乎没有耐心。随着时间的推移，人们引入了不同的研究设计来解决这个问题，如严格随机抽样或定期抽样，这些新的研究设计根据特定的目的，从每组中选出若干个体根据特定的标准分类研究和调查。例如，可以根据年龄和性别划分群体，宗教信仰、种族、社会阶层、居住地、教育背景。抽样是一种策略，研究者在这种策略中设计出符合逻辑的解释理论，利用从数据中获得的信息，选择一个新样本进行分析研究以验证理论。调查可以以一种或另一种方式用于需要解释的研究。这意味着根据这种方法选择的研究样本量是理论驱动的。

第五节 复制研究

一、为何以及如何进行复制研究

可复制性是科学研究的基石之一，部分原因在于它有助于防止错误。统计显著性结果来自单个研究，通常被视为"真实的"和"可复制的"（即类似的研究）。鉴于复制对科学方法的重要性，研究人员一直在讨论是否需要复制。通过在诸如《第二语言习得研究》等杂志上明确呼吁语言教学中采用复制研究，使教育研究人员了解什么是复制以及复制的必要性。

二、复制类型

多年来，研究人员使用了各种各样的标签来指代不同类型的复制研究。人们可能会遇到文字复制、严格复制、概念复制、系统复制、虚拟复制等术语，并想知道它们之间的差异。但是，术语的使用并不总是完全统一的，即使在一个学科中也是如此。

没有一个受试者群体的所有特质和经验可以精确复制。在我们的领域中，最接近精确复制的是指让原始研究人员对所有受试者再次进行相同的研究。社会科学中，一种更常见的复制类型是近似复制，也称为部分（或系统）复制。这种类型的研究包括重复最初的研究。在大多数方面都是准确的，但改变了其中一个非主要变量，以便使原始研究和复制研究具有可比性。例如，研究人员可能调查不同的人群（如不同年龄学生第二语言的熟练程度），可能在不同的环境中使用英语作为第二语言，或者可能使用不同的任务（如书面任务或口头任务）。这种"有变化"的复制的目的是看原始研究的结果是否具有普遍性，但采用新的研究设计来验证原始研究结果。概念复制可能使用不同但相关的数据收集程序。

三、如何进行复制

第一步：选择一项研究并批判性地回顾，理论上，任何研究都可以复制，但选择研究类型时要注意一些关键问题。

必须考虑从新的研究者处能够获得什么结果，必须阐明进行复制研究的意义。要么引用这项研究，要么调查同一个问题，在研究结束时，研究人员通常会讨论研究的局限性，包括样本量、持续时间和混杂变量，还可以为将来的复制研究提出具体建议。

第二步：决定复制类型

下一步是确定最适合该应用程序的复制类型。

如果你可以获得与核心研究成果相同的材料和程序，而精确复制主要用于检查测试结果，那么精确复制可能是最合适的。随着越来越多的变量发生变化，复制成为一种发展趋势，而不是调查有效性、可靠性和普遍性。在这种情况下，概念复制可能会发生。

第三步：制定研究问题

在决定复制类型之后，无论哪种情况，请确保问题基于对原始研究的优缺点的分析，明确规定因变量和自变量。如果进行准确的复制，确保研究问题是不是与原始研究中的不同。

第四步：解释结果

下一步是解释的结果。如果复制支持原始复制的结果，那么原始研究结果的外部有效性和内部有效性就能得到验证。如前所述，一个具有统计意义的发现不可能被接受为"真理"。只有当结果在其他研究中重复时，我们才能得到真理。

虽然复制在第二语言习得领域没有受到太多关注，但有一些文章和书籍专门关注于复制，可以为感兴趣的研究人员提供有用的信息。此外，第二语言习得研究中的方法论和设计问题也有很多的论述，可以提供批判性的帮助，确定复制策略。

第六节　内省技巧

本节介绍质性研究中使用的两种内省技巧——口头报告和日记研究。尽管调查和访谈等技术非常有效地了解教师和学生及其行为，但都是有限的。内省是最重要的观察和反思自己的思想、感情、动机，推理过程和心理状态，以及了解这些过程和状态如何决定我们的行为。常用的内省方法让受访者在实际参与学习任务时或完成任务后不久报告他们的想法。例如，老师采访他们的学生，询问他们对教育教学的态度等等。

第七节 刺激回忆

应用语言学和第二语言习得研究中的刺激回忆法为研究者和学生在研究实践中使用刺激回忆提供了指导。本书逐步引导读者通过应用语言学的一系列研究，展示刺激回忆的历史及其作为数据收集工具的作用。应用语言学和第二语言研究中的刺激回忆方法专注于刺激回忆的最新研究报告，为研究人员和学生提供了获取更丰富数据的能力。

刺激回忆是一种技术，研究人员通过记录和描述某一节课的部分内容，让老师和学生对教学时发生的事情进行评论。这种技术可以深入了解教学过程，这是通过其他方式很难获得的。在协作研究中这是一种特别有用的技术，因为它使教师、学生以及研究人员能够展示他们对课堂上发生的事情的各种解释，并将这些解释明确地与课程中的要点联系起来。关于教师决策的调查有两次采用了这种技术。第一次调查中，Wood（1989）调查了八位英语教师的决策。他使用了三种数据收集方法：访谈、观察和刺激回忆。[1] 第二种方法的描述方式引发了教师对课堂上考虑的选项、做出的决定和采取的行动的评论。教师发表的评论作为画外音录制在合成录像带上，通过对合成录像带进行分析，以确定课程期间做出决定的过程和基础，因而得出了一些关于课堂互动过程的有趣结论。

---

[1] WOOD J V. Theory and research concerning social comparisons of personal attributes [J]. Psychological bulletin, 1989, 106 (02): 231.

①课堂环境中决策的整个过程极其复杂,不仅是因为决策的因素或决策类型,还因为这些因素的多样性。

②在课程规划方面,根据对教师访谈的分析,课程规划是非常模糊的,详细规划最多提前两节课,课程所有内部程序是一致的。

③主要结论是,不同的教师有完全不同的方法、标准等,教师可以采用相同的材料,并在课堂上以不同的方式使用材料。

在第一次调查中,Nunan(1991)考察了语言教学法的许多不同方面,包括教师决策。5名经验丰富(4~15年经验)和4名经验不足(不到1年经验)的教师参与了这项研究。他们的课程被观察、录音和转录。① 课程结束后,教师们接受了采访,并让他们对喜欢的课程的任何方面进行评论征求意见。

这种邀请教师反思课程并进行回顾性评论的方法,可以让学生深入了解教学的各个方面,而这些方面是其他任何方式都难以获得的,也能让教师深入了解获得课堂过程和互动的重要性,以下要点可以帮助我们检查内省和回顾技术的有效性和可靠性。

①为我们提供改变做法的手段;

②能够通过向我们提供挑战来激励我们;

③将理论与实践相结合,并与语言课堂联系起来;

④授权我们就认为正确的事情做出决定;

⑤让我们有信心挑战新的计划和假设。

反思技巧非常实用,可以进行刺激性回忆,以便进行更深入的调查。根据上述研究收集的数据,可以将研究范围扩大到以下问题:

---

① NUNAN D. Methods in second language classroom-oriented research: a critical review [J]. Studies in second language acquisition, 1991, 13(02): 249-274.

向学习者提供的语言数据的性质是什么？数据是如何呈现和利用的？互动决策的基础是什么？

第八节　语篇分析

当我们要了解语言在交际中的使用方式时，可以运用语篇分析。语篇分析可以回答许多相互影响的问题，如：

我能够基于语境来分析英语语料库吗？

如何从批判性的角度看待英语学习者课堂上的谈话？

英语学习者是否通过他们的谈话展示他们的性别、种族和文化观念？

每一个这些问题中都可以通过语篇分析来回答，语篇分析通常用于案例研究、民族志和行动研究。

一、什么是语篇分析

首先，定义我们所说的语篇是很重要的。语篇指具有可描述的内部关系的口语或书面语的形式和意义。从广义上讲，语言教师必须理解语篇是如何结构化的，如何对其进行分析以具备有效的教学能力，并且能够通过语篇分析来分析语言的本质，从而促进自己的专业发展。正确的话语分析方法有多学科性质，包括人类学、语言学、哲学、心理学和社会学。

二、为什么在外语教学研究中使用语篇分析？

第一，TESOL 和应用语言学中的语篇分析用于检查真实数据，真实性是指数据是自发产生的，而不是通过实验得出的。也就是说，我们分析的是自然发生事件的过程，而仅仅研究产生的语言。无论我们选择何种语篇分析方法，都涉及语境（话语发生的环境）下，参与者产生的话语，以及角色、身份和关系都起到重要参与作用。这是因为我们的目标是在特定环境中提供丰富的语言使用描述，而不是笼统地概括所有语境。

第二，分析者在很大程度上关注的是两者之间的互动。这一理念对于理解课堂谈话的重要性是显而易见的，但多年来语言学家都认为语篇仅仅是说话者的认知产物，没有受到说话者的重要影响。

第三，对于言语的语篇分析，必须收集数据进行分析，并将其录入转录符号系统。这些转录符号系统有多种形式，如表示发音、呼吸、响声、音高等精细符号。

第四，取自口头或书面文本的数据以书面形式呈现在论文或报告中。一些研究人员对某些语篇特征进行编码、量化和计数，大多数语篇分析员依靠实际语言数据中的相关实例来进行分析说明，如在特定环境或条件下与某些发言者的对话。总之，研究人员需要提供足够的数据示例，展示研究中的相关特征，让读者相信他的分析是全面的。

三、使用语篇分析的意义何在

使用语篇分析的意义在于，语篇分析中我们不必依赖于对语言和交流的直觉，因为我们有可用的数据。我们避免分析通过实验收集的强制语言使用情况（由于语言的不同特点，说话受到严格控制）、可接受性判断（要求受访者对语法、句子的连贯性或言语行为的自然性进行评分）和问卷调查。语篇分析的结果也是显而易见的。

语篇分析的最大优势是，对特定语境中的语言进行丰富的语境化描述。收集数据过程的第一步是尽可能地阅读关于正在调查的话题。使用重要关键词 Google Scholar 搜索，查看高校图书的馆藏相关期刊和图书的目录。阅读现有的著作可以建立你的知识体系。可以参考语篇分析，研究基于记录和转录语言的大型语料库中的数据。语料库分析的优点有几个：不必记录和转录数据；通常可以筛选搜索结果；与他人共享一个大型的、公开可用的资源，如密歇根学术口语语料库共 1848364 个单词，可根据多种标准进行搜索，如参与者性别、年龄和为母语人士或非母语人士。如果你对自己的语言或学生使用的语言感兴趣，则必须以某种方式记录。研究人员需要安排对受访者进行录音。记录语篇数据时需要考虑许多因素，但最重要的因素是在实际录音之前测试设备，放置并确保设备在录制过程中正常工作。一旦语篇数据被记录下来，研究者就应该记录副本，然后将原始数据存储在安全的地方。一旦收集到口头语言数据，就需要对其进行翻译、抄写或其他可视化表示。各种转录技术都与不同的语篇分析方法相联系，转录数据是一个庞大而有争议的话题。

互动分析是一种分析课堂互动的方法，涉及课堂话语的分析。Lemke（1989）是从社会角度看待语言的，他认为学校不是知识传递系统，而是人们相互影响生活的社会机构①。他认为，课堂教育是一种谈话：是语言的社会用途，用于制定有规律的活动结构，并在教师和学生之间共享意义系统，他将教育解释为在社会活动中使用语言可以让研究者观察、了解并解释教师和学生如何在学校中使用语言来建立关系、定义角色等。Lemke语篇分析方法的两个关键结构是活动结构和主题系统。

---

① LEMKE J L. Making text talk [J]. Theory into practice, 1989, 28（02）：136-141.

第五章　道德与诚信

　　本章简要总结了与质性研究相关的伦理问题。其目的是保障参与者的利益。质性研究者应接受正式的研究伦理培训。研究伦理主要涉及研究者与他们的研究之间职业道德问题，如合作指导关系、知识产权、数据伪造和剽窃。多数专业组织，如美国人类学协会、应用人类学学会、美国社会学协会和美国公共卫生协会等，也需要制定职业道德声明。为什么研究伦理在质性研究中如此重要？随着国际研究伦理指导的历史和发展，建立在既定伦理道德原则基础上的平衡方法对质性研究背景进行适当解释监督，使研究人员和研究参与者之间建立了信任。

　　我们如何获得质性研究的知情同意书？一般来说，获得知情同意是以认为合适的方式告知有关研究的情况，这可以是一个多步骤的过程。例如，可以向人们解释研究。可以分发宣传册，或在当地报纸或广播电台做一个关于这项研究的报告，或设立一个咨询委员会发布相关信息，花一两周的时间与人们进行一对一的交谈。如果研究人投入大量时间，那么这些努力大大有助于赢得信任和理解。一般来说，数据收集活动不仅仅是与人的互动，这包

括深入访谈,还要求获得参与者的个人知情同意等。相关人员应被告知:

①研究的目的。

②研究参与者的权利。

③对研究参与者的期望,包括可能需要的时间。

④预期风险和收益,包括心理和社会风险。

⑤参与是自愿的,可以随时退出,不会产生任何负面影响。

⑥机密性受到保护。

⑦当地调查人员的姓名和联系方式,以了解与研究相关的问题。

近年来,社会科学领域的发展提高了人们对道德问题认识的需求,当社会学家调查的问题类型从一般到特殊、从抽象到具体,以及他们收集数据的方式发生变化时,伦理问题就会出现。社会学家在进行研究时,必须将社会效益与个人成本考虑在内。Yin(1984)认为个案研究对研究者的能力提出了更高的要求,智力、个性和情绪比其他研究策略更重要。在研究过程中,研究人员必须对不可预见的情况做出决定和反应,还必须对环境和相关人员保持敏感。由于在案例研究中获得数据的方式比较特殊,匿名非常重要。英国教育研究伦理准则(2011)旨在支持教育研究人员在各种情况下按照最高伦理标准开展研究。

如何遵循研究伦理?首先,研究人员必须尊重参与者的隐私权,对参与者数据进行保密和匿名处理。其次,研究人员必须遵守个人数据的存储和使用要求,个人数据包括在互联网上的数据以安全形式保存。最后,研究人员必须认识到,参与者在这个过程中可能会经历痛苦或不适,必须尽一切努力让他们放松,并且必须尽量减少研究对参与者正常生活的影响。

　　诚信即关于伦理和道德,是关于指导研究人员与参与者打交道的职业法规和行为准则,它对研究的成败至关重要。研究人员必须做到"不造成身体和心理伤害"(Berg and Howard,2012:61)①。事实上,伦理问题和原则由不同的作者以多种方式确定,有必要根据成本/收益比(Cohen,2011:75)制定研究价值的详细信息,并在研究开始前获得知情同意(Creswell,2009:86;Bryman,2011:138)②③。前面讨论的六篇文章涉及未成年人或儿童,因此伦理问题是一个复杂的问题。问题现在是:如何让儿童了解研究的含义,以及如何让他们了解自己的权利。值得注意的是,很多文章都没有对其研究中的伦理问题发表评论,尽管在研究中存在大量需要伦理考虑的问题。首先,研究的价值或规模需要考虑样本量、研究持续时间、实验室工作、提示的产生、计算机的提供、模型答案和教科书的供应相关的成本/收益。其次,文章中的参与者保密性存在问题。考试委员会的评估测试、问卷调查以及录音和录像带数据都是匿名收集的。Berg(2007:191)认为,研究人员应该通过删除任何标识符来保护数据,以确保机密性。第三,将参与者分为对照组和实验组是伦理问题。例如,实验组采用干预措施,对照组仅使用课本,这使教师、学生和家长不愿意让孩子参加对

---

① BERG B L, HOWARD L. Qualitative research methods for the social sciences [M]. 8th ed. New York: Pearson Educational Inc, 2012: 61.
② COHEN L, MANION L, MORRISON K. Research methods in education [M]. 7th ed. London: Routledge, 2011: 138.
③ CRESWELL J W. Research design qualitative, quantitative and mixed methods approach [M]. 3rd ed. London: SAGE Publication, 2009: 86.

照组。最后，研究的小规模性质限制了概括结果的比较。然而，重要的是，无论伦理问题大小，研究人员都要做出陈述说明，以尊重研究的完整性。

第六章 结 语

研究专业知识可能是一个终生的过程,"好的研究者"需要脚踏实地,具有真正的好奇心、大量的知识、好的想法、自律能力和社会责任。本书首先关注社会和教育研究的本质特征,阐述方法论的意义,然后关注研究设计,讨论社会调查过程如何影响研究的形式和范围,探讨撰写研究报告的过程。

量性和质性方法的主要区别在于哲学基础与方法论。量化研究强调测量和分析变量之间的因果关系,而不是过程。研究方法应该由研究问题决定,而不是由研究者的偏好决定。相反,质性一词意味着强调实体的质量,在数量、强度或频率方面未经实验检验或测量。研究者强调现实的社会建构性质、研究者与被研究对象之间有着更加密切的关系,强调社会经验是如何被创造和赋予意义的。

因此,本书的重点是开发一种批判性的方法,以便在研究报告中都能清楚地看到,科学研究者所选择的方法不仅是恰当的,而且是必需的。另外,本书关注的是发展一种更为普遍的批判性研究方法,也就是说,在选择或创造任何给定方法的背后,有着更为深刻的探究过程。从科学的进程看,一个真正的科研工作者应该是:走自己的路,让人类有更好的路可走。

参考文献

[1] 桂诗春，宁春岩. 语言学方法论 [M]. 北京：外语教学与研究出版社，1997.

[2] 刘润清，胡壮麟. 外语教学中的科研方法 [M]. 北京：外语教学与研究出版社，1999.

[3] 秦晓晴. 外语教学定量研究方法及数据分析 [M]. 北京：外语教学与研究出版社，2015.

[4] 罗伯特·K. 殷. 案例研究：设计与方法 [M]. 重庆：重庆大学出版社，2004.

[5] 王陆. 虚拟学习社区中的师生行为分析：一个面向信息化教师专业发展的个案研究 [J]. 电化教育研究，2004（04）.

[6] 陈涛. 学位论文写作中的关键议题：兼论社会科学研究的方法与路线 [J]. 研究生教育研究，2014（01）.

[7] 文秋芳. 从全国英语专业四级口试看口语教学 [J]. 外语界，2001（04）.

[8] 薛博，董玉琦，刘琳. 信息技术教师专业发展：一项质的个案研究 [J]. 中国电化教育，2005（03）.

[9] 钟柏昌, 黄纯国. 个案研究的分类及其在教育研究中的应用现状评析 [J]. 教育研究与实验, 2015 (02).

[10] 张培. 应用语言学研究中的混合法 [J]. 中国外语, 2014, 11 (02).

[11] BACHMAN P O A L L F, BACHMAN L F, PALMER A S. Language testing in practice: designing and developing useful language tests [M]. Oxford: Oxford vuiversity press, 1996.

[12] BAILEY K, BROWN J. Learning about language assesment: dilemmas, decisions, and directions & new ways of classroom assessment [J]. Learning, 1999, 4 (02).

[13] BORG S. Teacher cognition and language education: research and practice [M]. Bloomsbury Publishing, 2015.

[14] BROWN J D. Understanding research in second language learning: a teacher's guide to statistics and research design [M]. Cambridge: Cambridge University Press, 1988.

[15] BRYMAN A. Social research methods [M]. Oxford: Oxford university press, 2016.

[16] BRYMAN A. The end of the paradigm wars [C]. The SAGE handbook of social research methods, 2008.

[17] BURNSA. Doing action research in English language teaching: a guide for practitioners [M]. Ukraine: Taylor & Francis, 2009.

[18] CARRIER K. The social environment of second language listening: does status play a role in comprehension? [J]. The Modern Language Journal, 1999, 83 (01).

[19] CARUTH G D. Demystifying mixed methods research design: a review of the literature [J]. Online Submission, 2013, 3 (02).

[20] CHALMERS A F. What is this thing called science? [M]. Saint Lucia Hackett Publishing, 2013.

[21] CHAUDHURY M. Epistemology: with or without a knowing subject [M]. India: Progressive Publishers, 2001.

[22] CHANUDRON C. Second language classrooms. research on teaching and learning [M]. Cambridge University Press. Cambridge Cuiversity, 1988.

[23] CHEN Q, KETTLE M, KLENOWSKI V, et al. Interpretations of formative assessment in the teaching of English at two Chinese universities: a sociocultural perspective [J]. Assessment & Evaluation in Higher Education, 2013, 38 (07).

[24] COHEN L, MANION L, MORRISON K. Research methods in education [M]. London: Routledge, 2011.

[25] COOK G. Discourse [M]. Oxford: Oxford University Press, 2001.

[26] CONNOLLY P. Quantitative data analysis in education: a critical introduction using SPSS [M]. London: Routledge, 2007.

[27] CRESWELL J W. Research designs: qualitative, quantitative, and mixed methodsapproaches [M]. 3rd ed. California: Sage publication, 2009.

[28] CRESWELL J W, POTH C N. Qualitative inquiry and research design: choosing among five approaches [M]. California: Sage

publications, 2016.

[29] CRONHOLM S. Experiences from sequential use of mixed methods [J]. Electronic Journal of Business Research Methods, 2011, 9 (02).

[30] CUMMINS J, CHRIS D, eds. International handbook of English language teaching [M]. German: Springer, 2007.

[31] DENSCOMBE M. The good research guide: for small-scale social research projects [M]. UK: McGraw-Hill Education, 2014.

[32] DENZIN N K. Triangulation: a case for methodological evaluation and combination [J]. Sociological methods, 1978.

[33] DORNYE Z. Research methods in applied linguistics: quantitative, qualitative, and mixed methodologies [M]. Oxford: Oxford luiversity press, 2007.

[34] DRAPPER A K. The principles and application of qualitative research [J]. Proceedings of the nutrition society, 2004, 63 (04).

[35] ELLIS N C. Implicit and explicit learning of languages [M]. Netherland: Academic Press, 1994.

[36] GAO X A, LIAO Y, LI Y. Empirical studies on foreign language learning and teaching in China (2008—2011): a review of selected research [J]. Language Teaching, 2014, 47 (01).

[37] GAOY, LIL, LUJ. Trend sin research method sin appliedlin guistics: China and the West [J]. English for specific purposes, 2001, 20 (01).

[38] GREEN J C, CARACELLIV J, GRAHAM W F. Toward a

conceptual framework for mixed-method evaluation designs [J]. Educational evaluation and policy analysis, 1989, 11 (03).

[39] GUBA E G, LINCOLN Y S. Competing paradigm sin qualitativeresearch [J]. Handbook of qualitative research, 1994, 2 (163-194).

[40] HAMMERSLEY M, TRAIANOU A. Ethics and educational research [M]. London: British Educational Research Association, 2012.

[41] HOWE K R, HOWE, KE R. Getting over the quantitative-qualitative debate [J]. American journal of education, 1992, 100 (02).

[42] HUDSON L A, OZANNE J L. Alternative ways of seeking knowledge in consumer research [J]. Journal of consumer research, 1988, 14 (04).

[43] KAMIL M L. The current state of quantitative research [J]. Reading Research Quarterly, 2004, 39 (01).

[44] KEMMIS S, MCTAGGART R. The action research planner [M]. Victoria: Deakin University Press, 1988.

[45] KEITH. From positivism to interpretivism and beyond: tales of transformation in educational and social vesearch [M]. New York: Teachers College Press, 1996.

[46] KINGINGER C. Language learning in study abroad: case studies of Americans in France [J]. The Modern Language Journal, 2008, 92.

[47] LICHEMAN M. Qualitative research in education: a user's

guide [M]. USA: SAGE Publications, 2012.

[48] LINCOLN Y S, DENZIN N K. Handbook of qualitative research [M]. California: SAGE Publications, 1994.

[49] LUNE H, BERGB L. Qualitative research methods for the social sciences [M]. Yorkshire: Pearson, 2012.

[50] MACER, PAGEL M, BOWEN J R, et al. The comparative method in anthropology (and comments and reply) [J]. Current Anthropology, 1994, 35 (05).

[51] MASON J. Qualitative researching [M]. India: SAGE Publications, 2018.

[52] NORTON B, WU Y I A N. TESOL in China: current challenges: English language teaching in China: trends and challenges [J]. TESOL Quarterly, 2001, 35 (01).

[53] NUNAN D. Methods in second language classroom-oriented research: a critical review [J]. Studies in second language acquisition, 1991, 13 (02).

[54] PERRY J R, F. L. Research in applied linguistics: becoming a discerning consumer [M]. California: Routledge, 2011.

[55] PIENEMANN M, JOHANSTON M. Factors influencing the development of language proficiency. In: Nunan D (ed) applying second language acquisition research [M]. National Curriculum Resource Centre, AMEP, Adelaide, 1987.

[56] POPPER. KR. The logic of scientific discovery [M]. 2nd

173

Ed. USA: Harper, 1968.

[57] SAYERR A. Method in social science: a realist approach [M]. California: Routledge, 1992.

[58] SEIDMAN I. Interviewing as qualitative research: a guide for researchers in education and the social sciences [M]. New York: Teachers college press, 2006.

[59] STAKE R E. The art of case study research [M]. India: SAGE Publications, 1995.

[60] STANLEYJ C, CAMPBELL D T. Experimental and quasi-experimental designs for research [M]. USA: Rand McNally, 1966.

[61] TAYLORGR (Ed). Integrating quantitative and qualitative methods in research [M]. University press of America, 2005.

[62] VANLIER L. The classroom and the language learner: ethnographyandsecond-language classroom research [M]. London: Longman, 1988.

[63] WATSON G K. Ethnography in ESL: defining the essentials [J]. TESOL quarterly, 1988, 22 (04).

[64] WENFENG W, GAO. English language education in China: a review of selected research [J]. Journal of Multilingual and Multicultural Development, 2008, 29 (05).

[65] WOLCOTT H F. Making a study "more ethnographic" [J]. Journal of contemporary Ethnography, 1990, 19 (01).

[66] WOOD J V. Theory and research concerning social comparisons of personal attributes [J]. Psychological bulletin, 1989, 106 (02).

[67] YAN J, HORWITZ E K. Learners' perceptions of how anxiety interacts with personal and instructional factors to influence their achievement in English: qualitative analysis of EFL learners in China [J]. Language learning, 2008, 58 (01).